Haciendo Tiempo Para Mamá

Libro Para Colorear Para Las Madres

Coloring Bandit

Publicado por Speedy Publishing Canada Limited

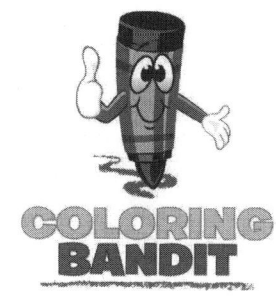

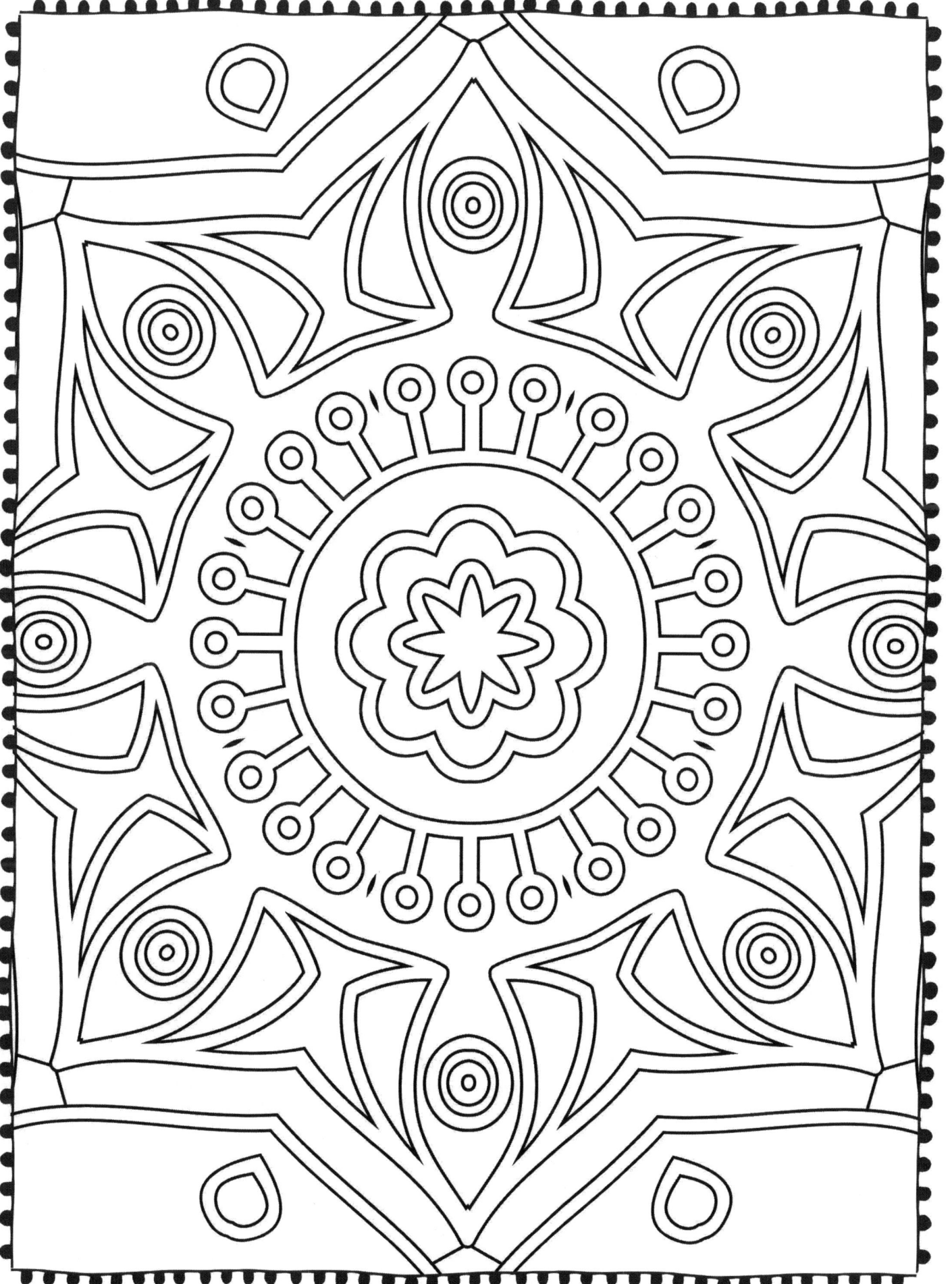

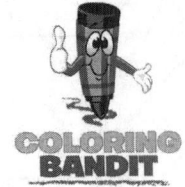

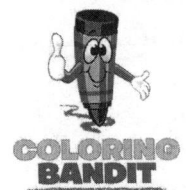

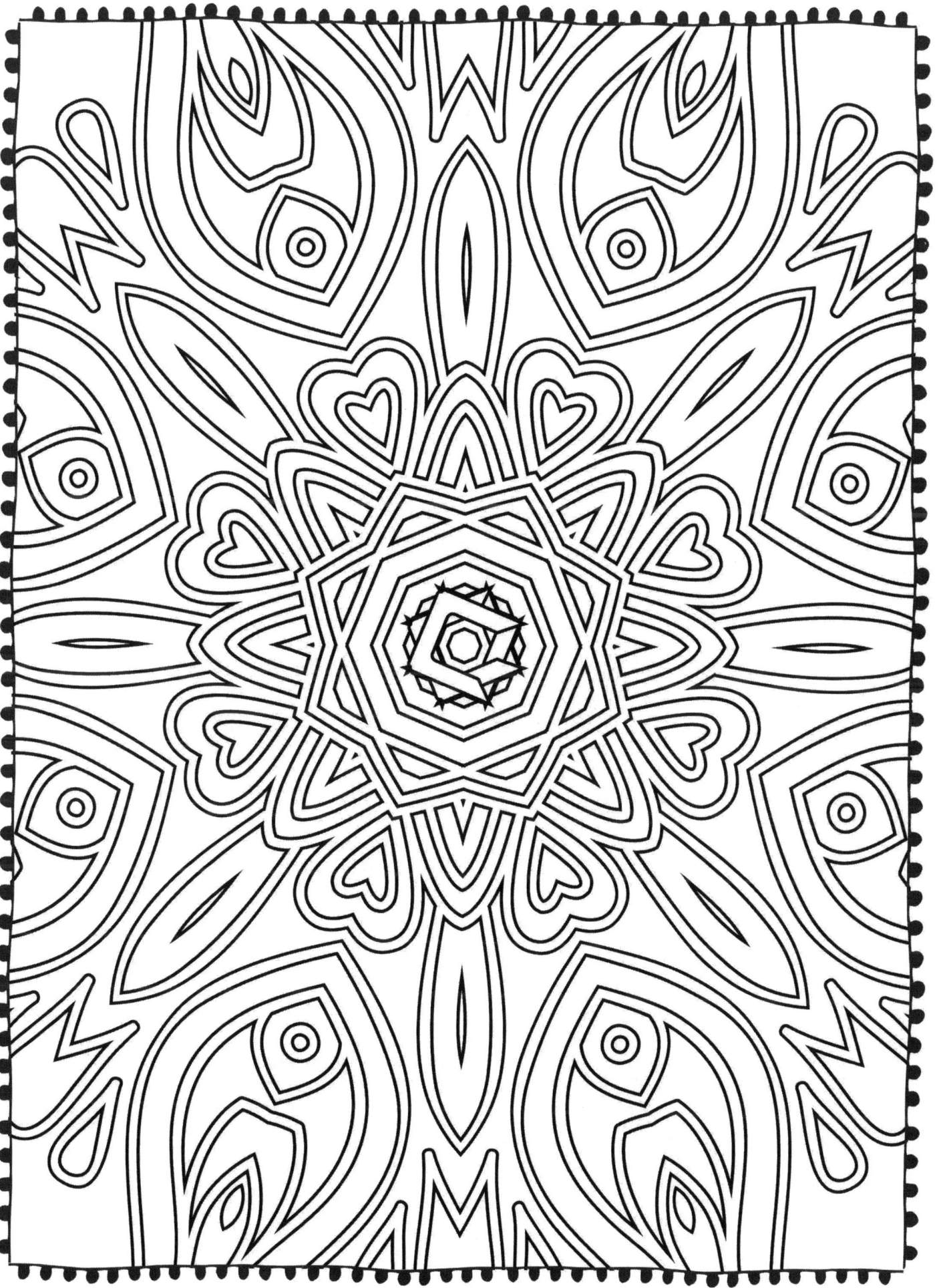

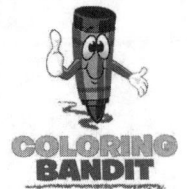

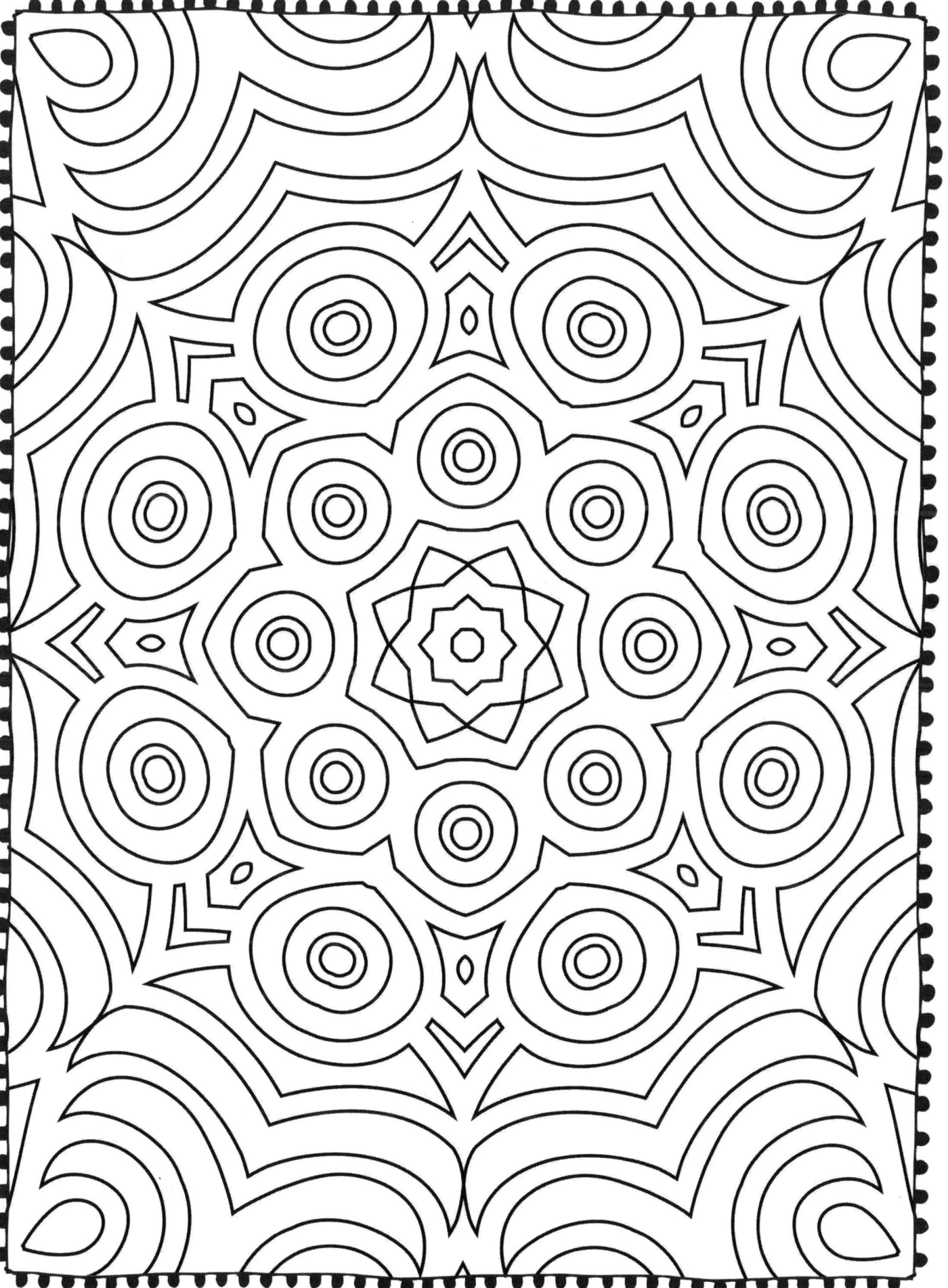

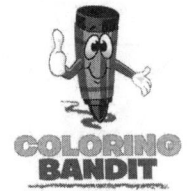

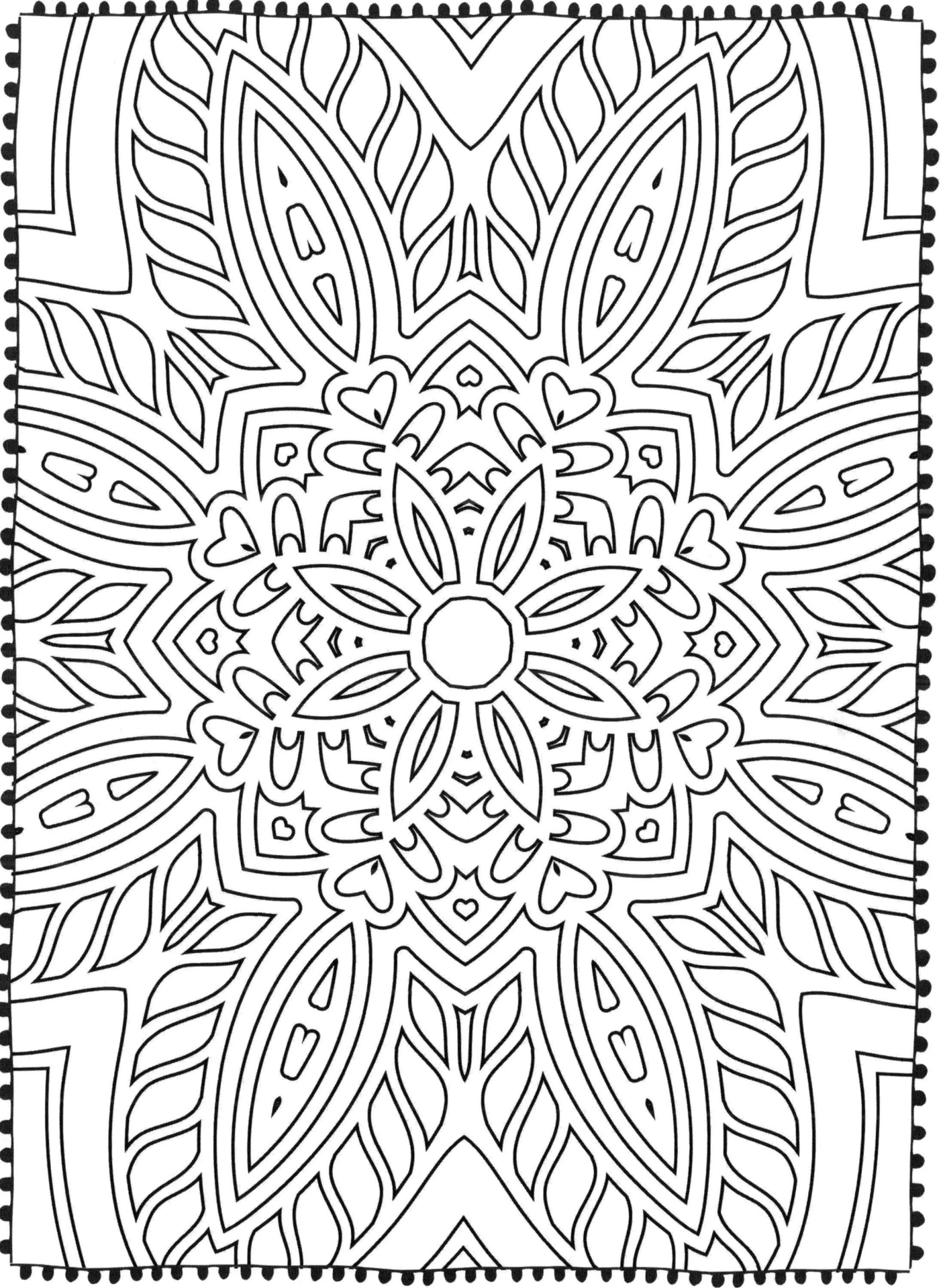

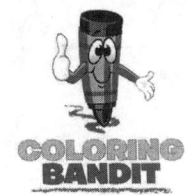

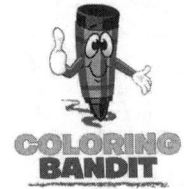

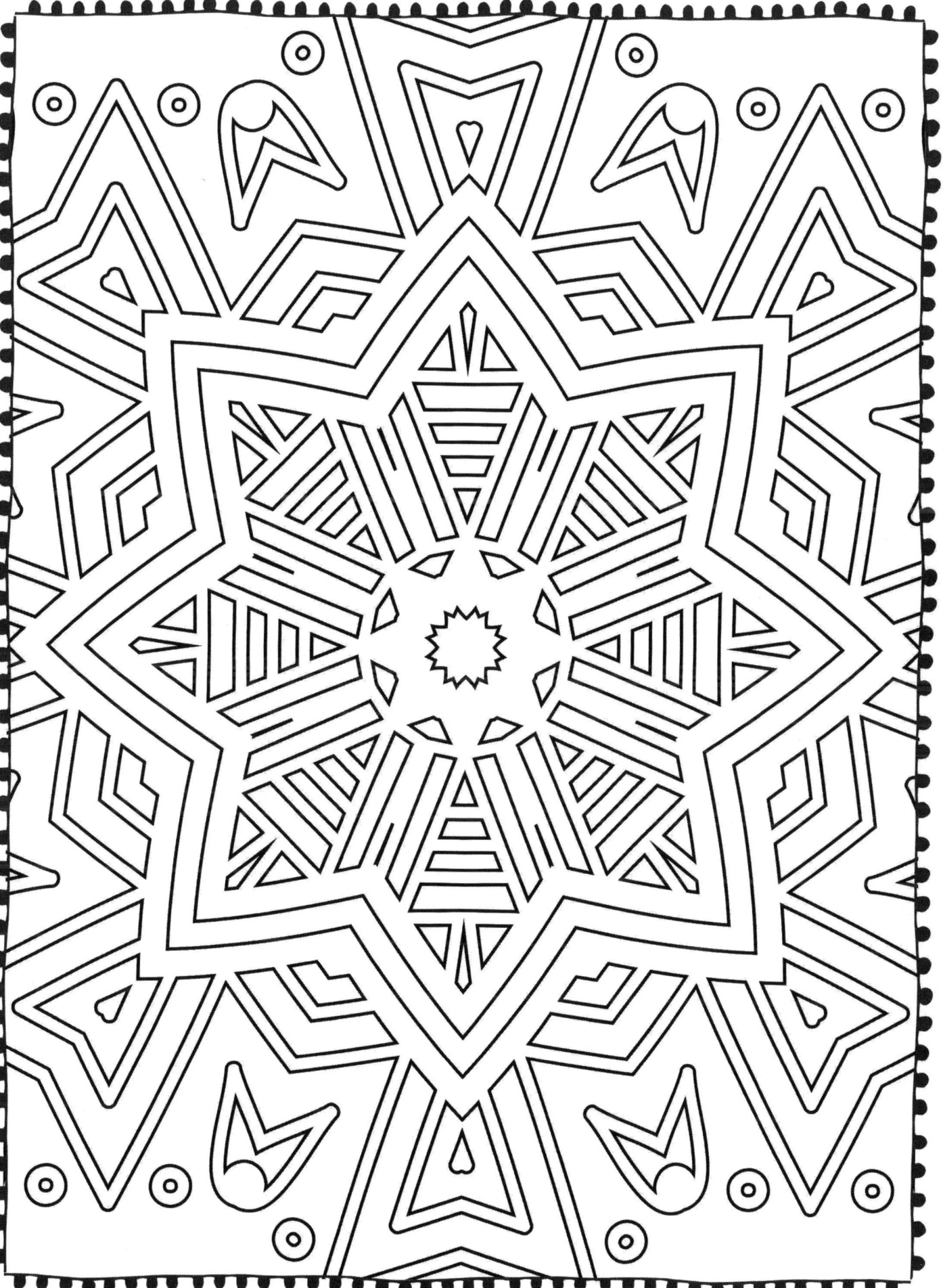

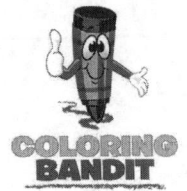

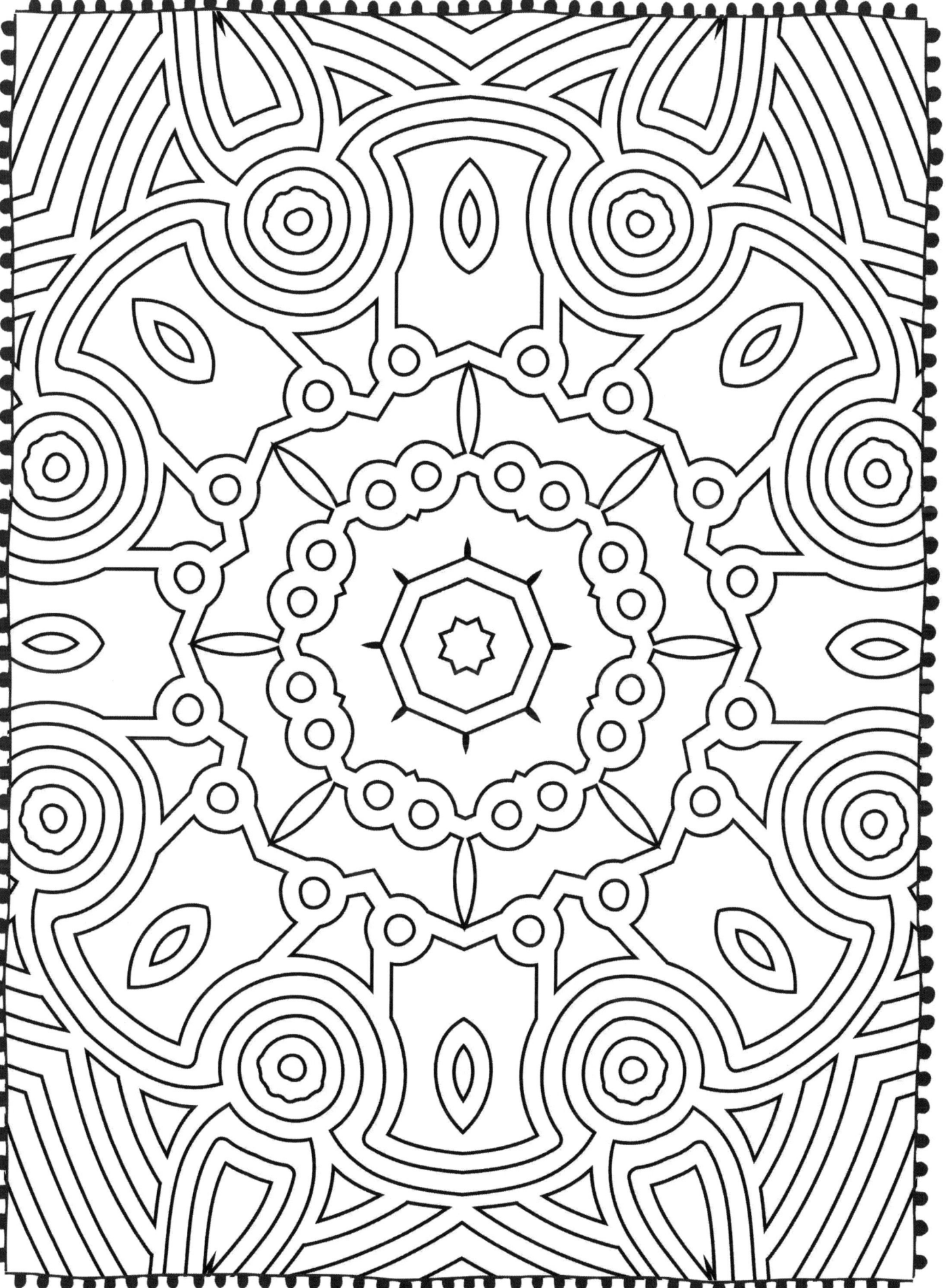

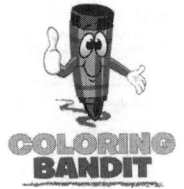

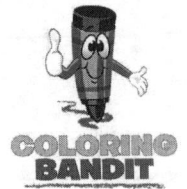

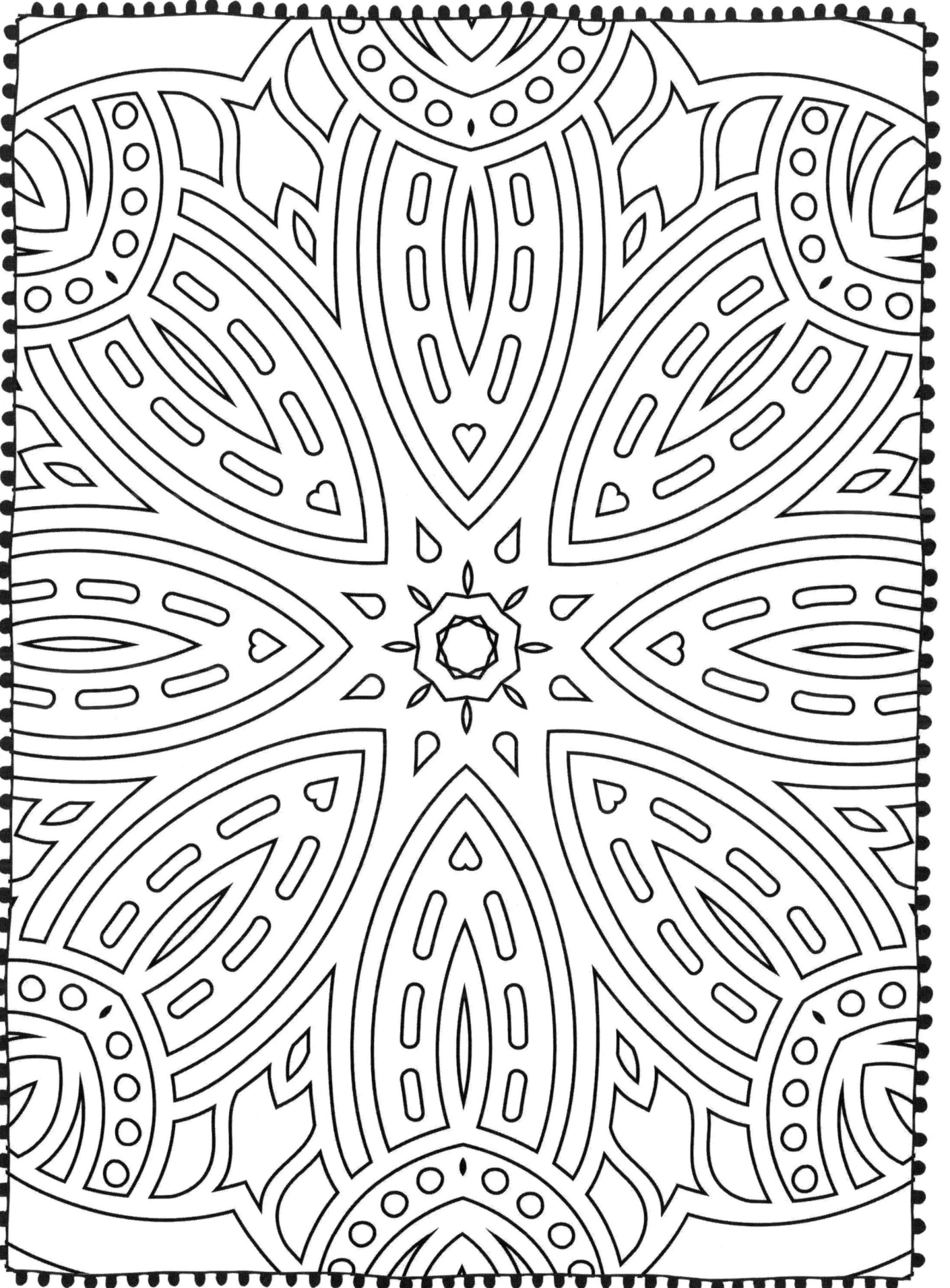

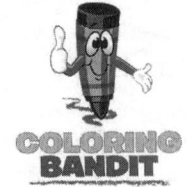

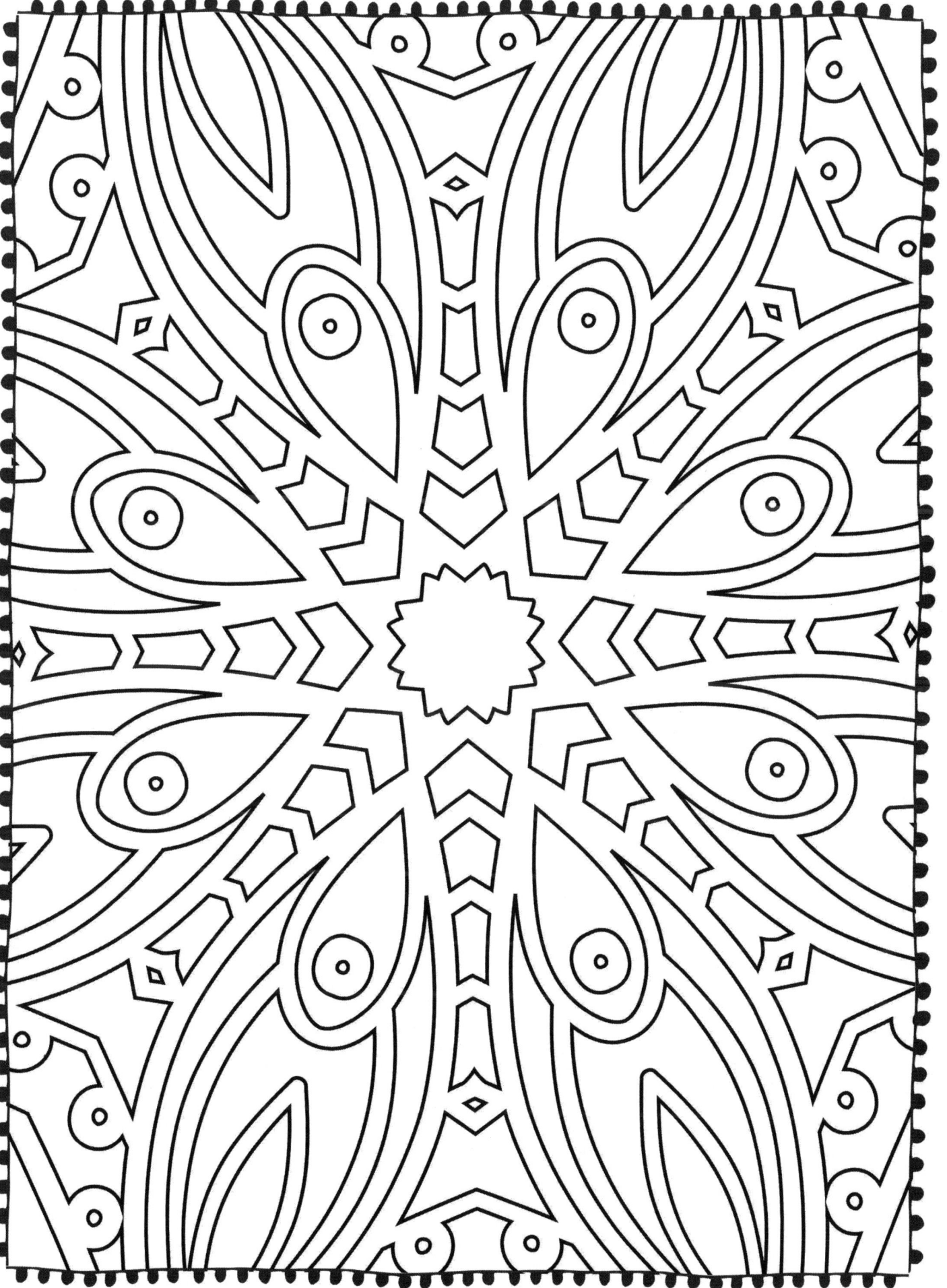

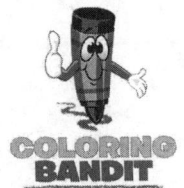

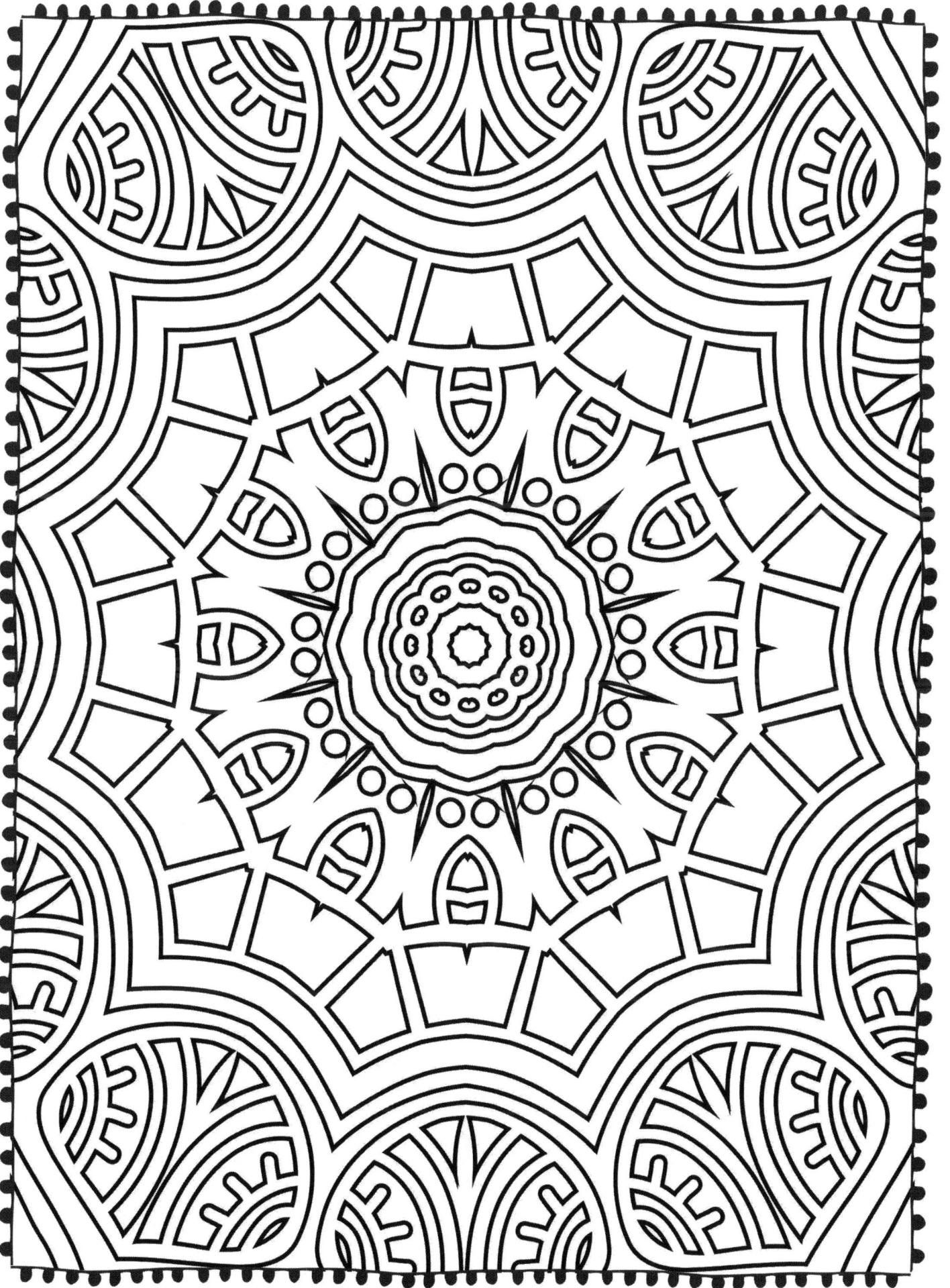

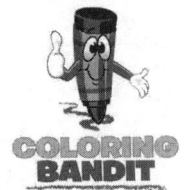

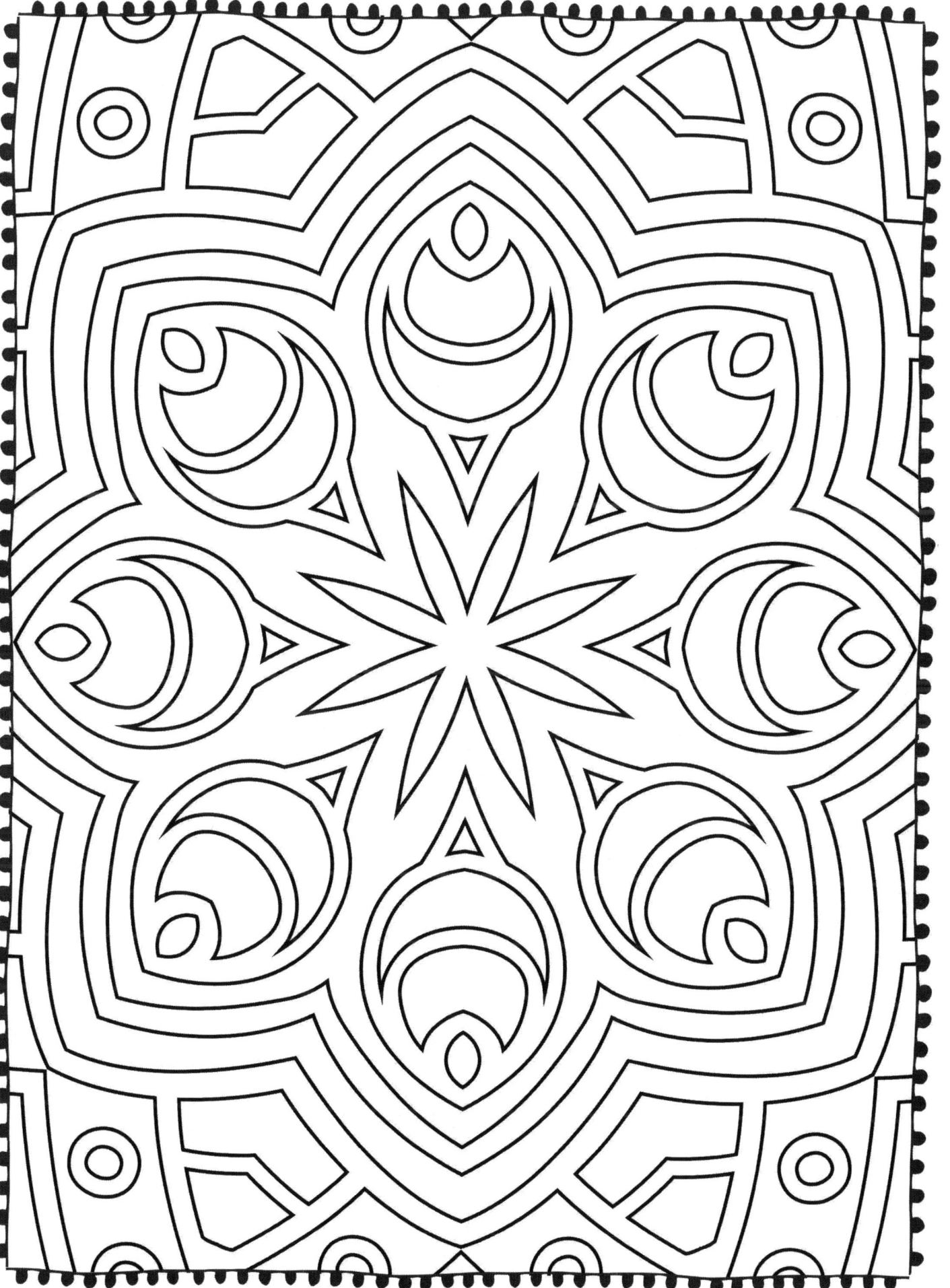

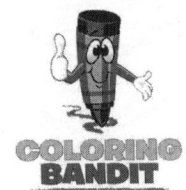

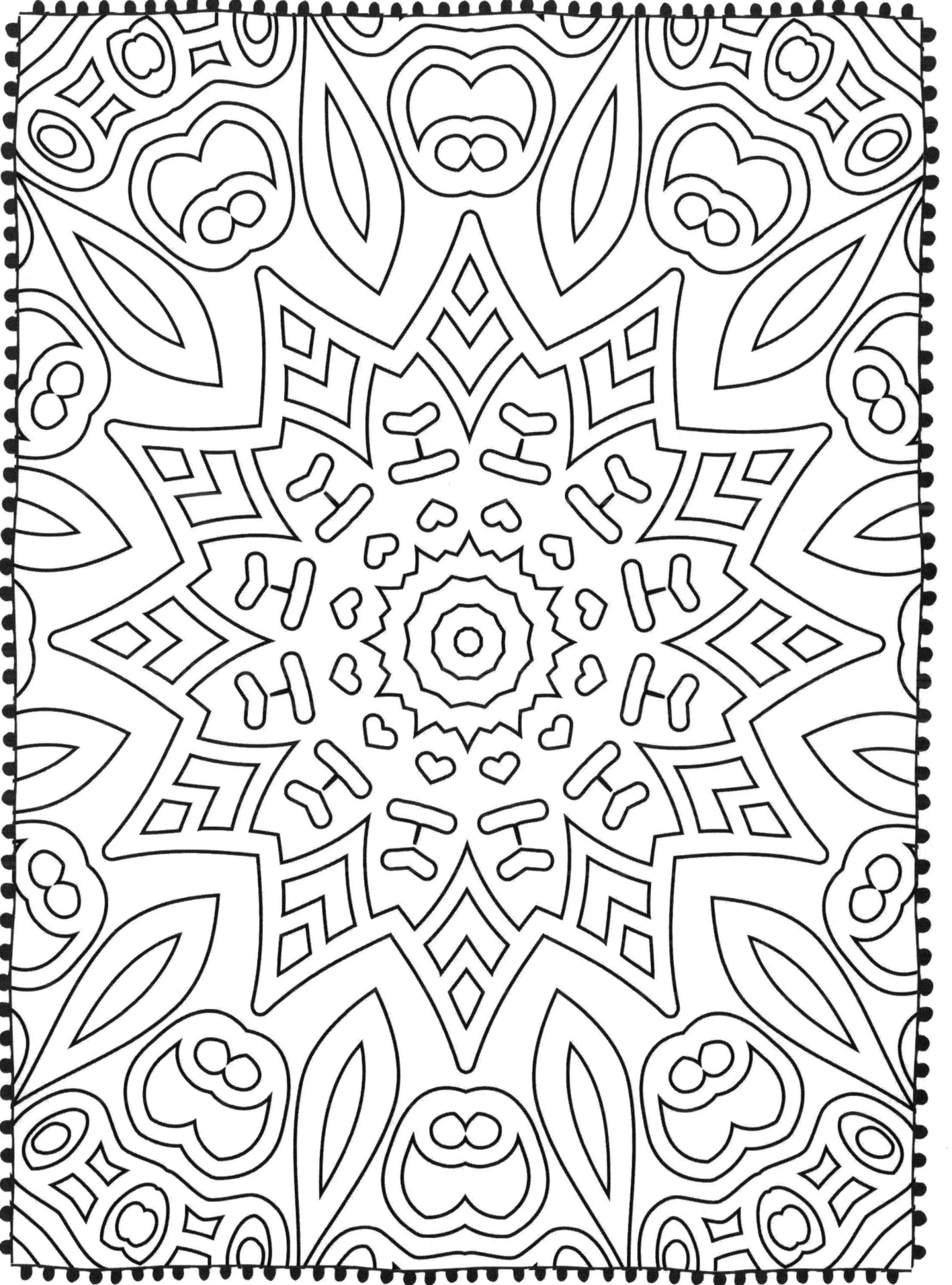

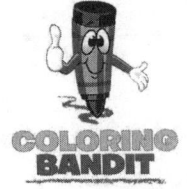

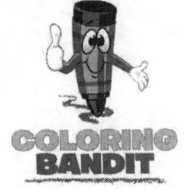

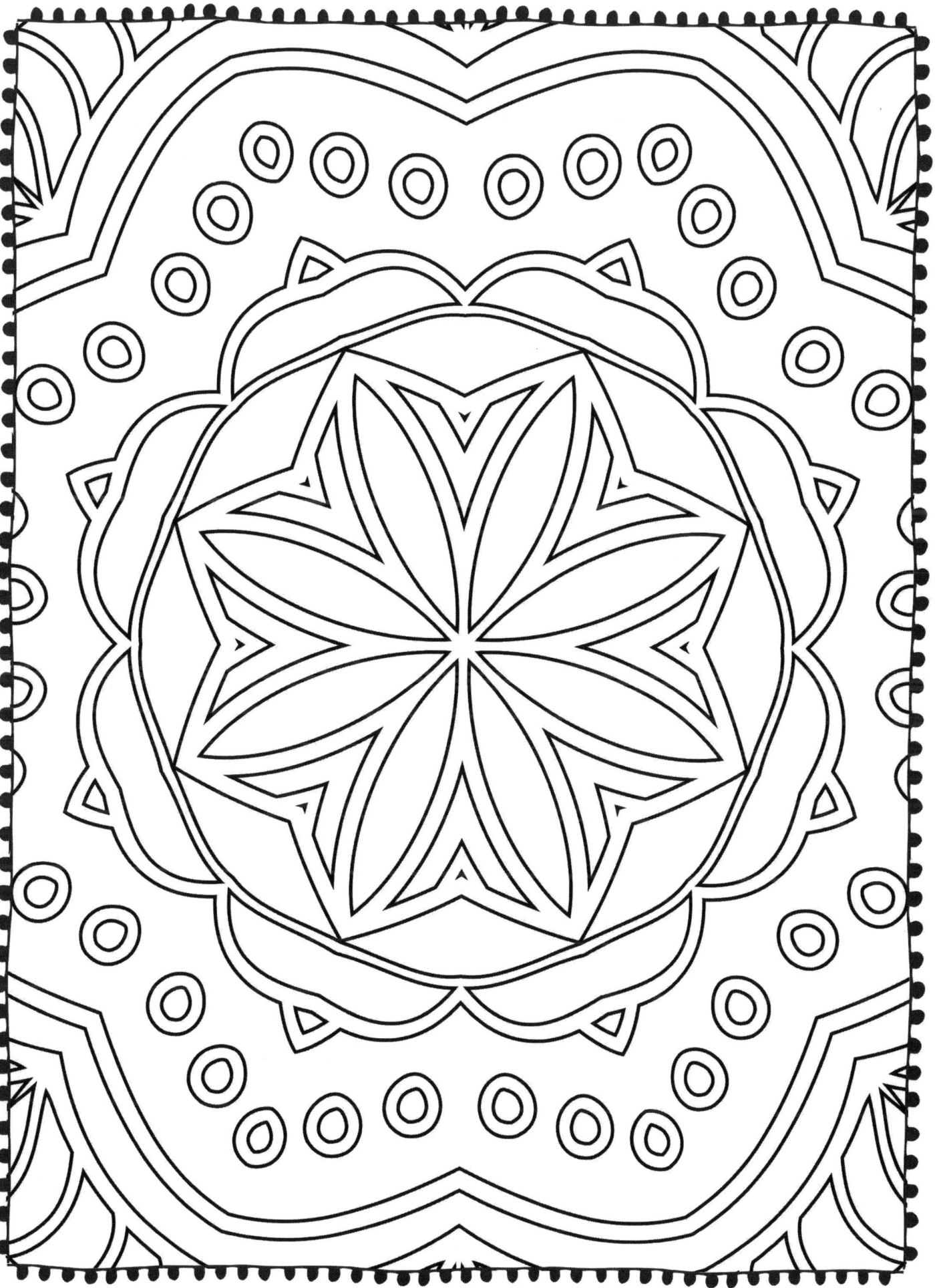

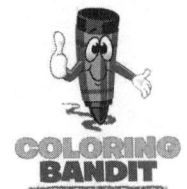

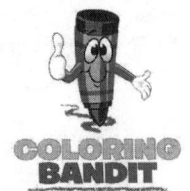

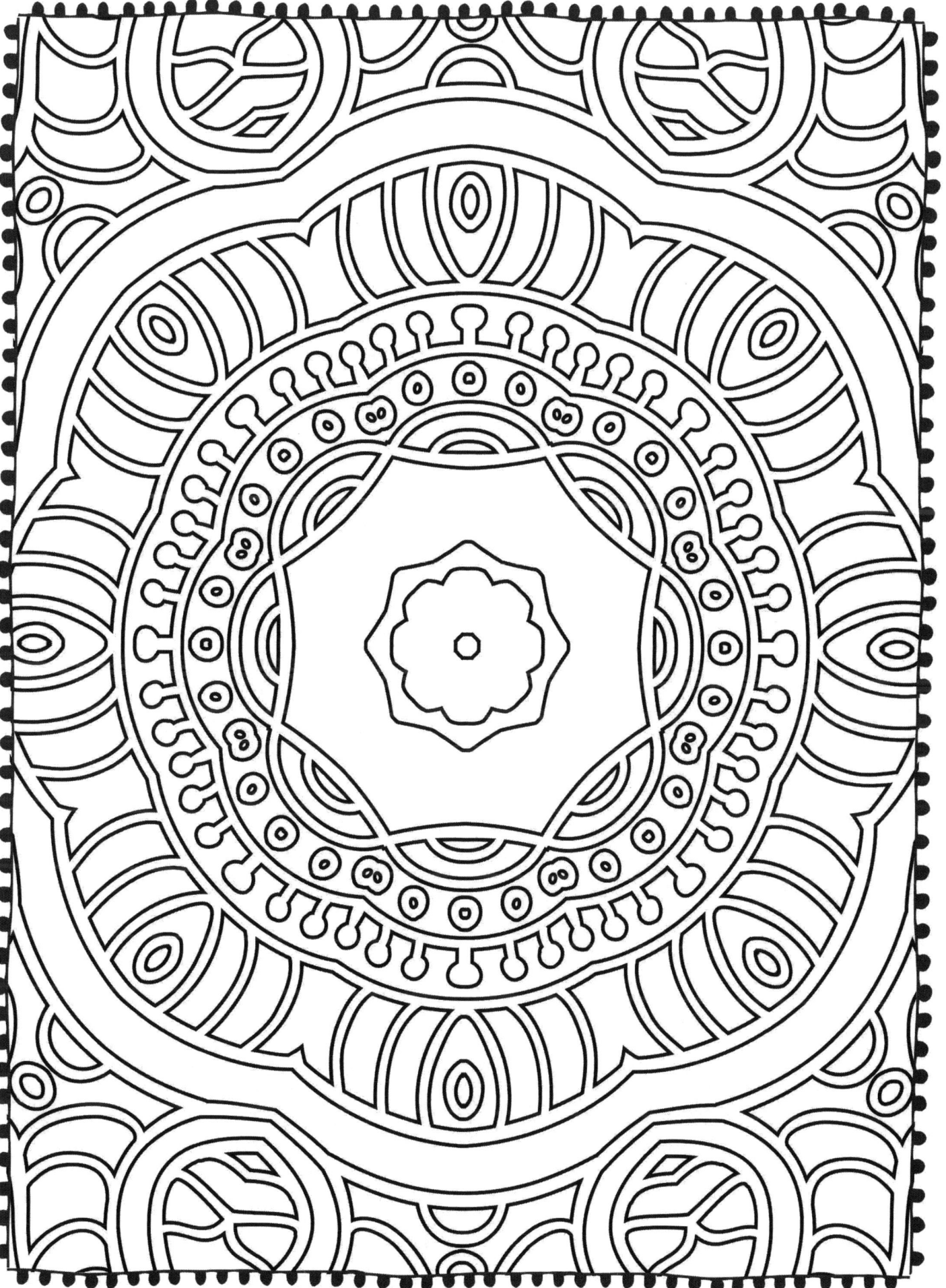

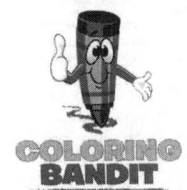

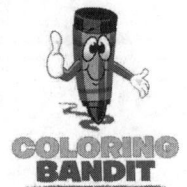

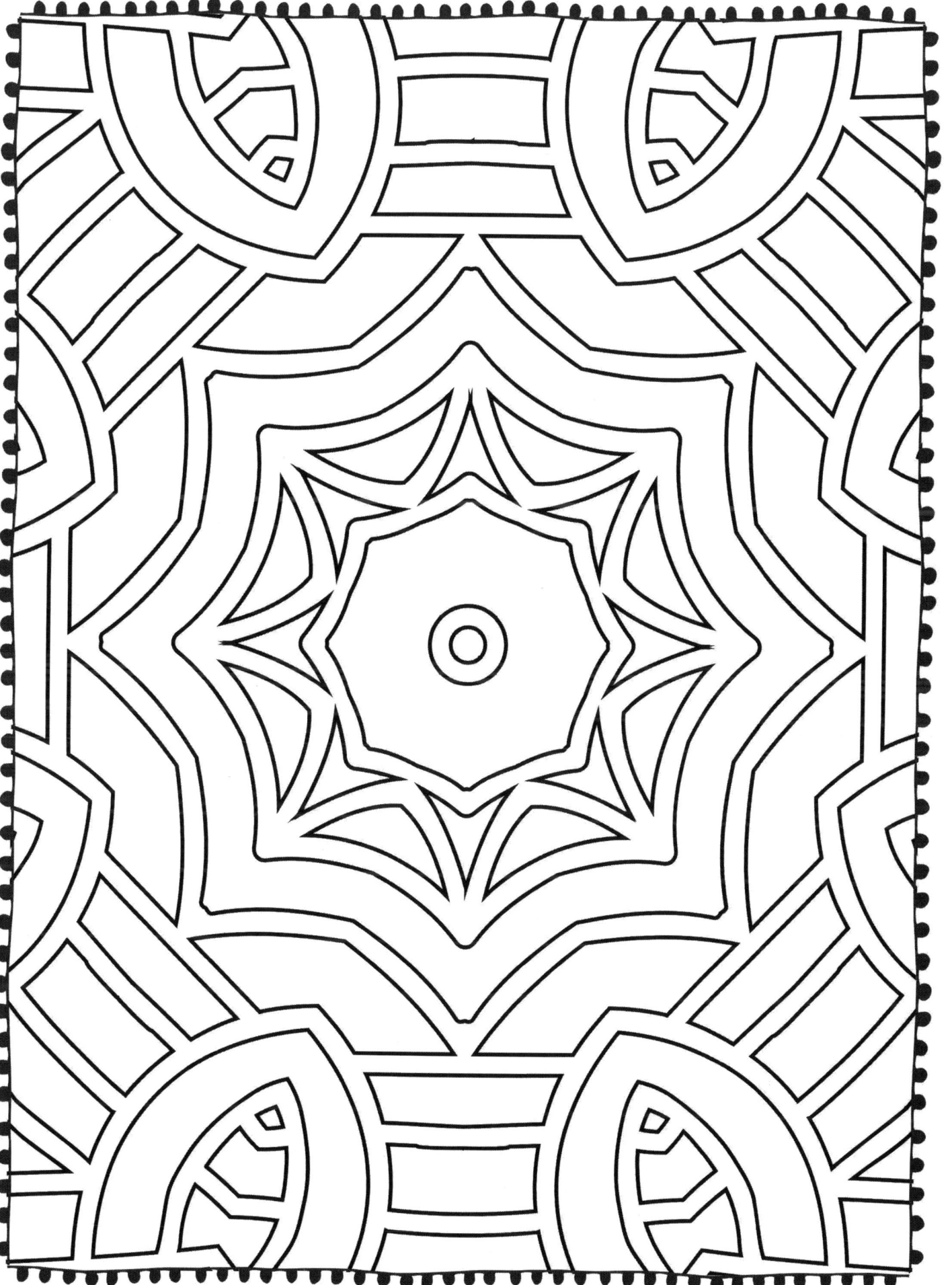

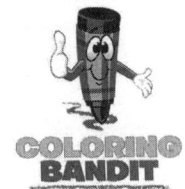

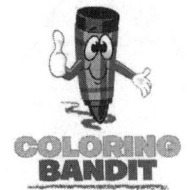

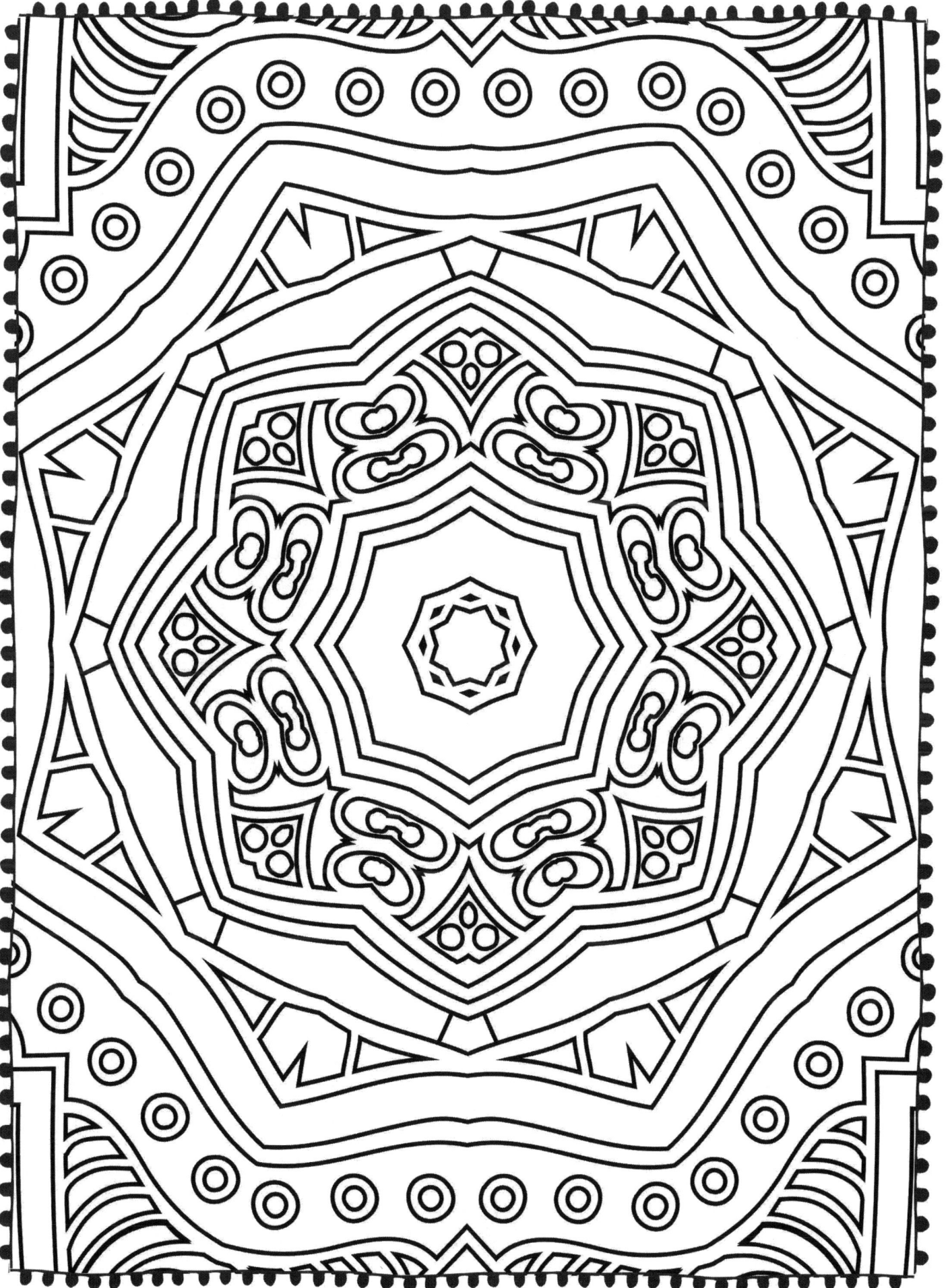

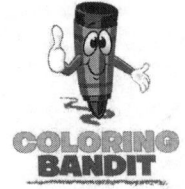

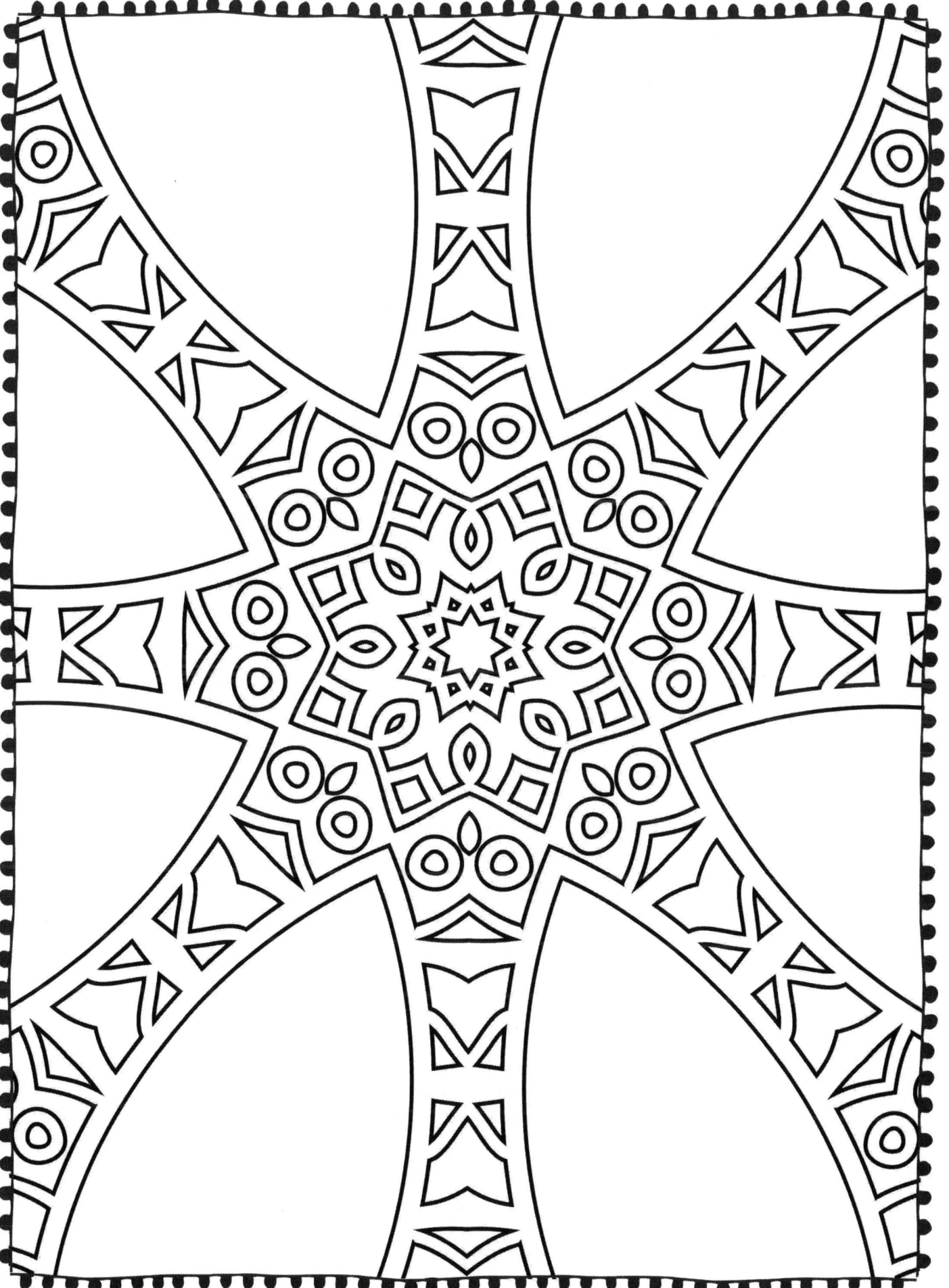

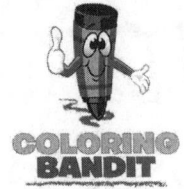

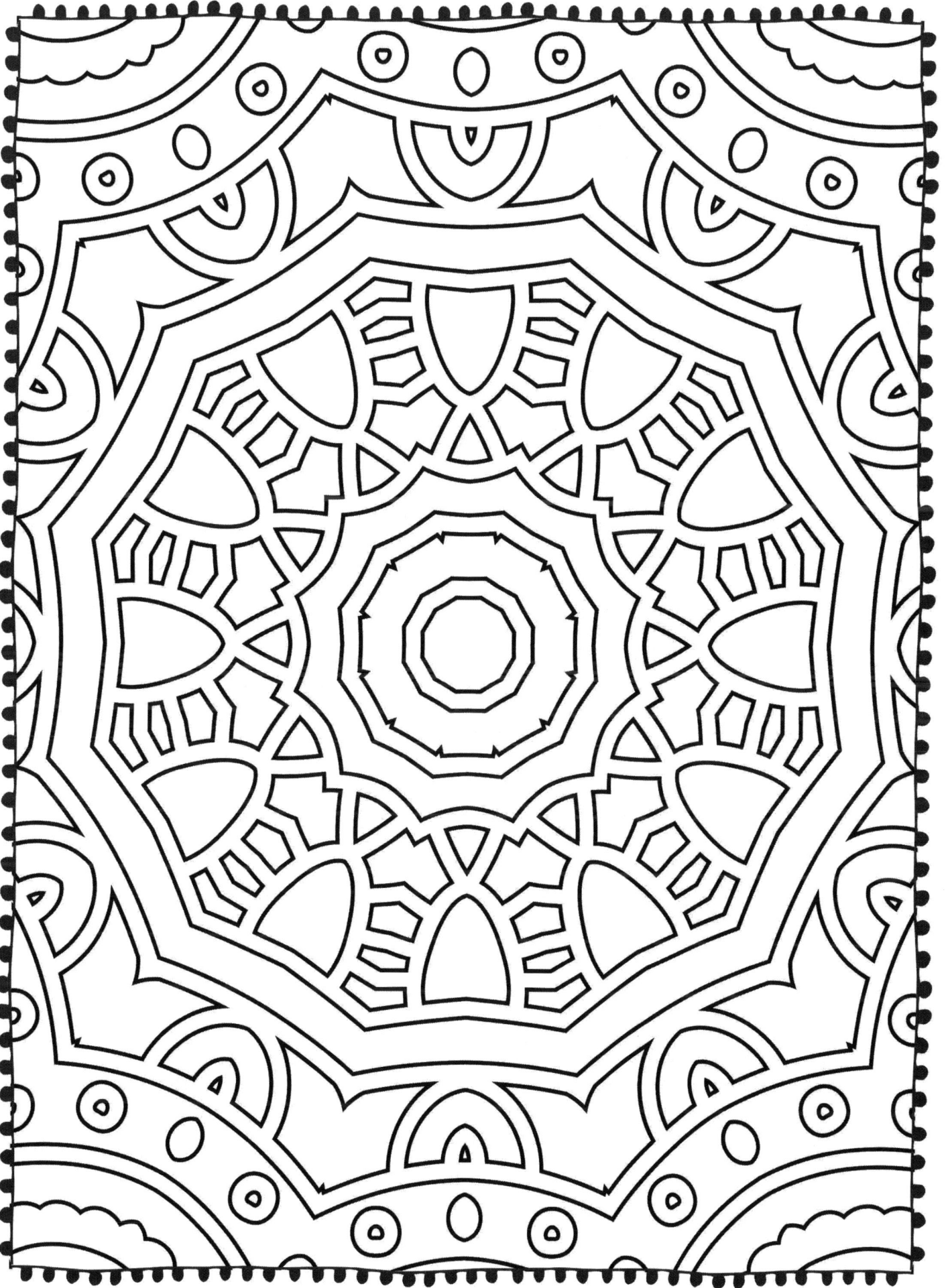

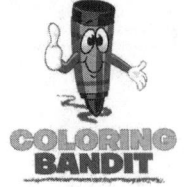

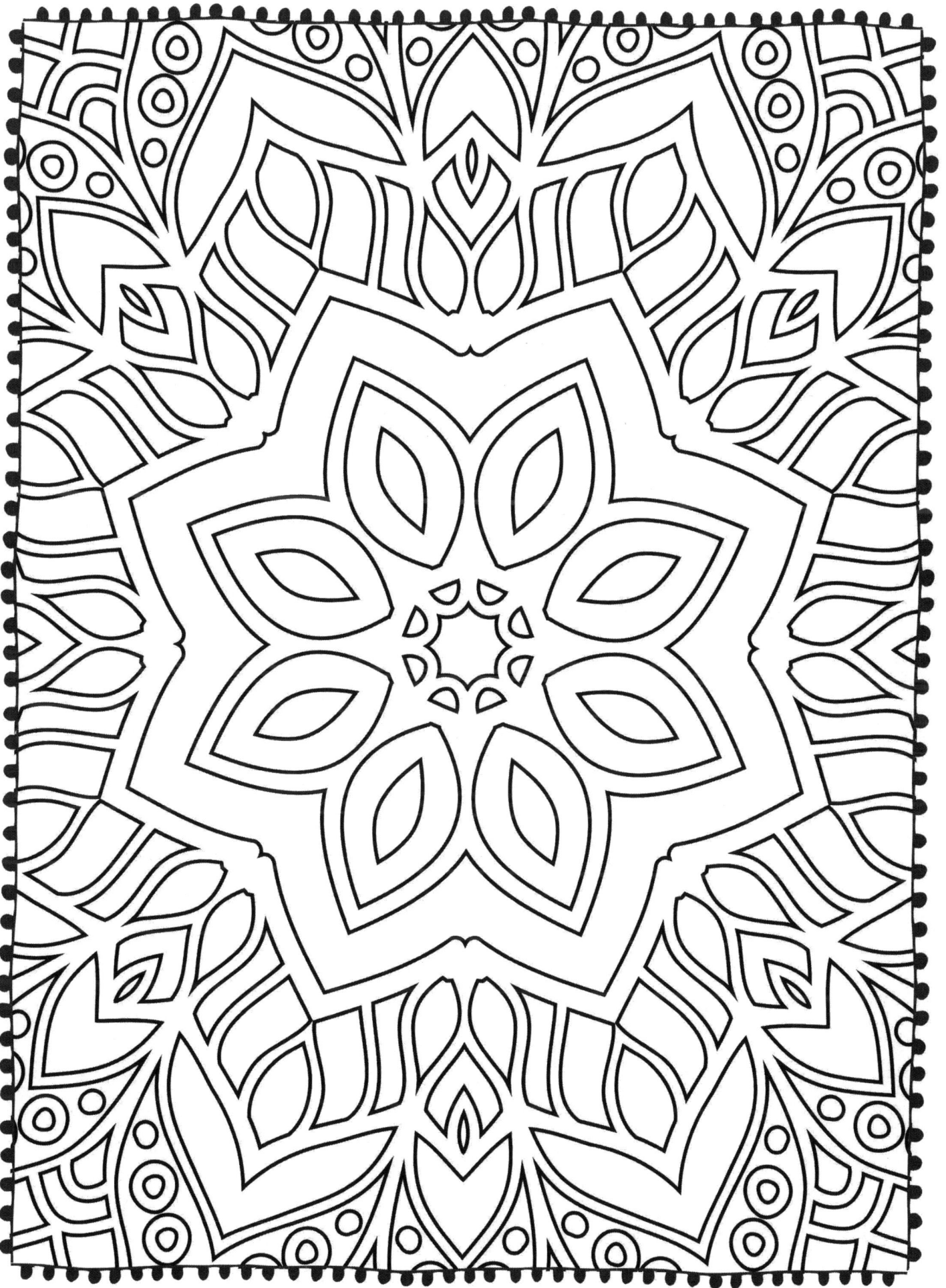

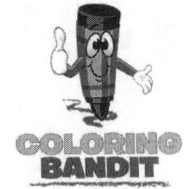

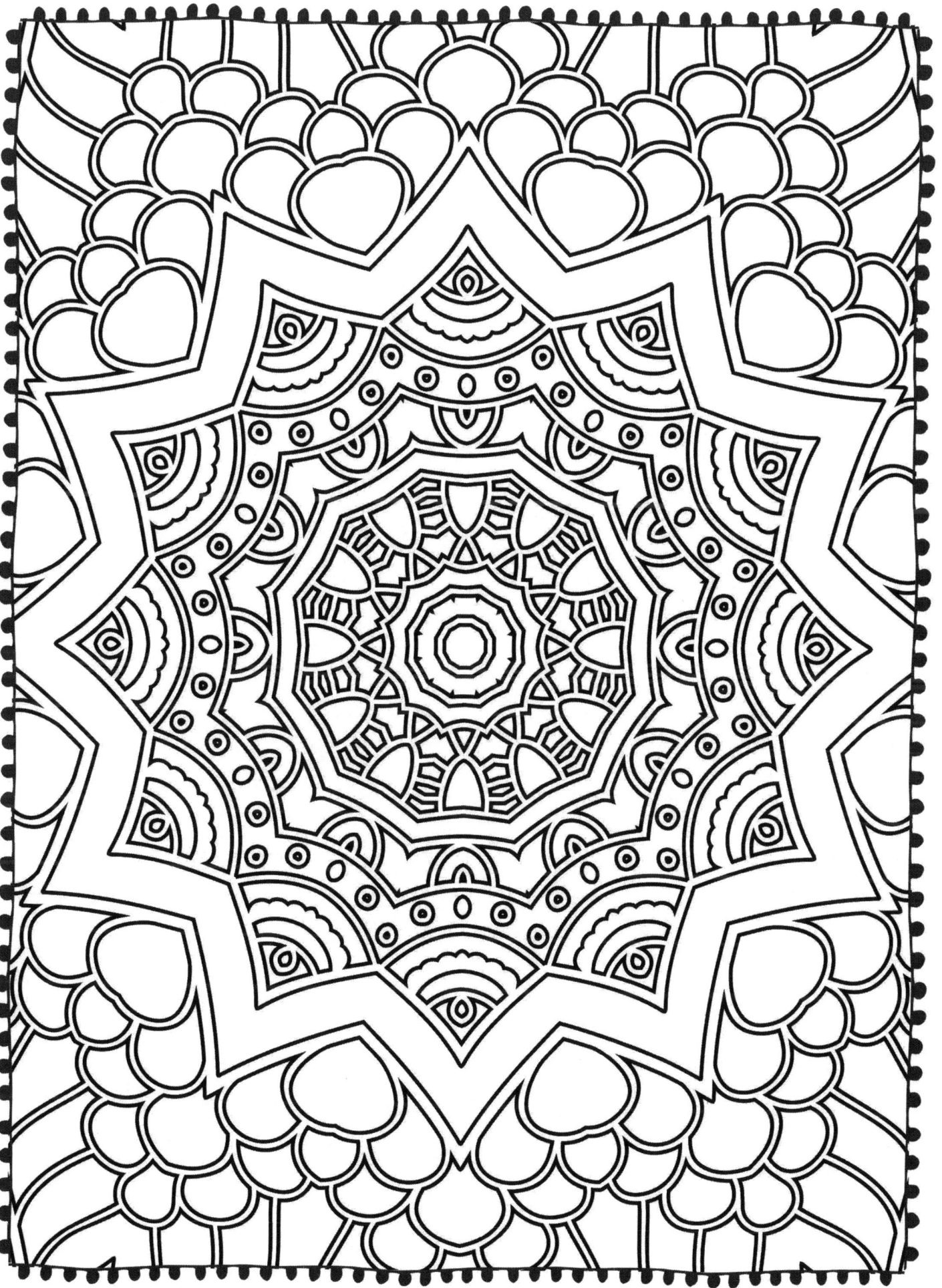

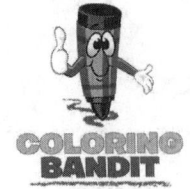

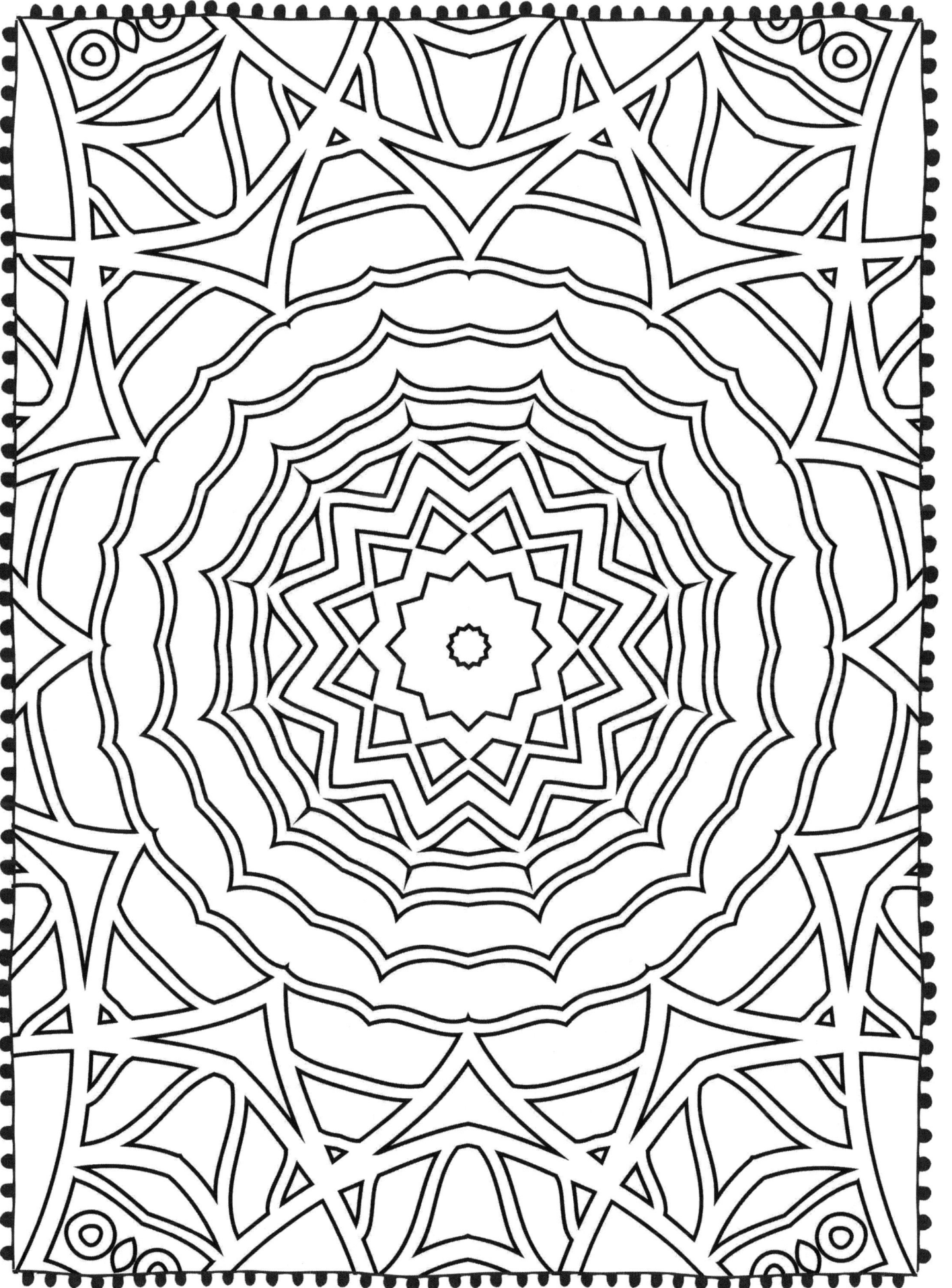

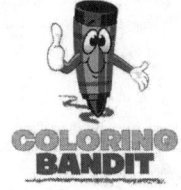

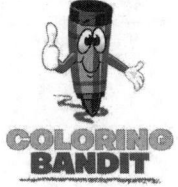

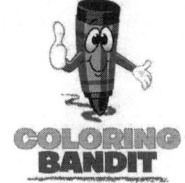

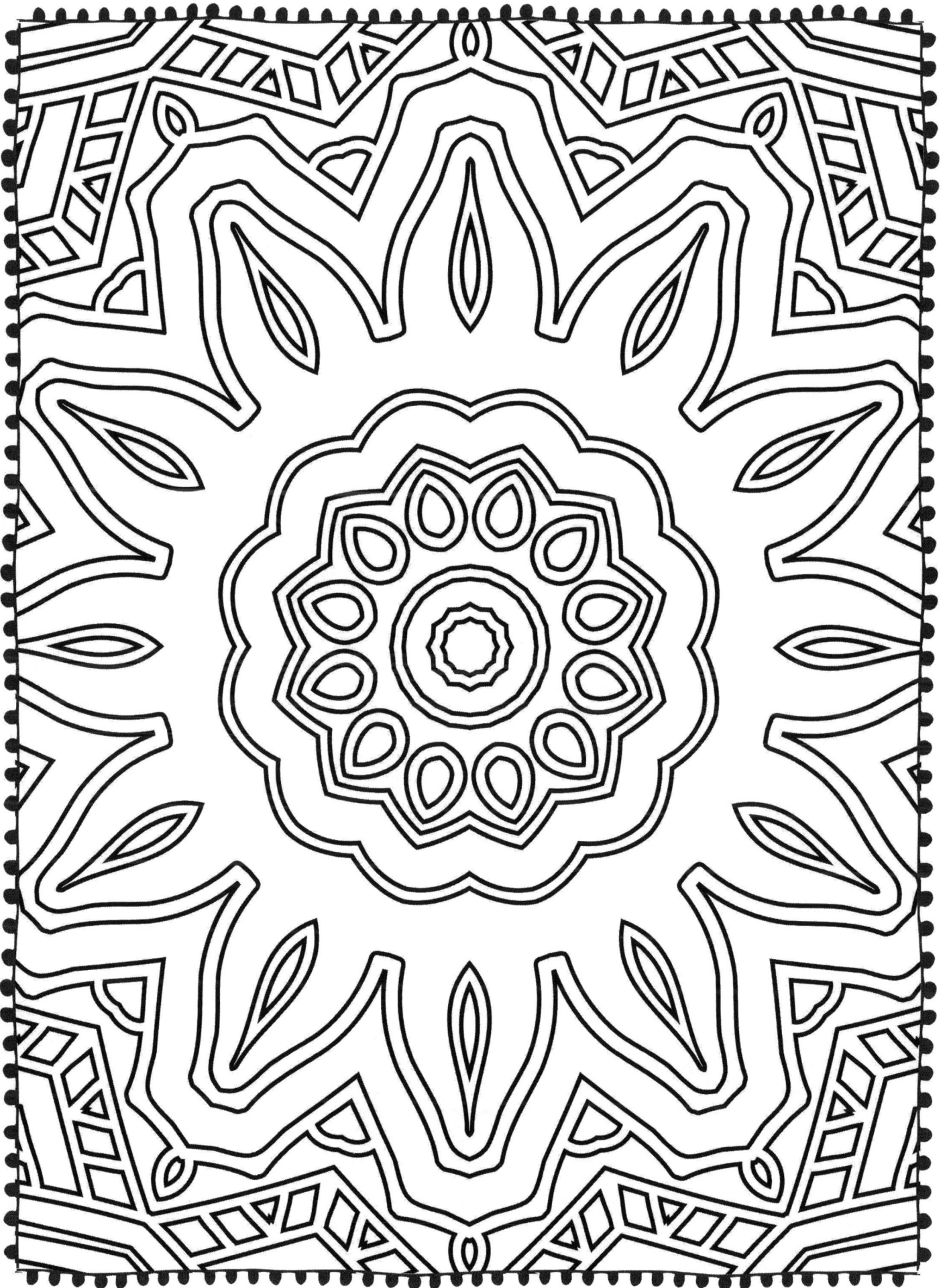

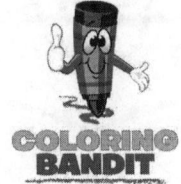

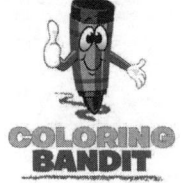

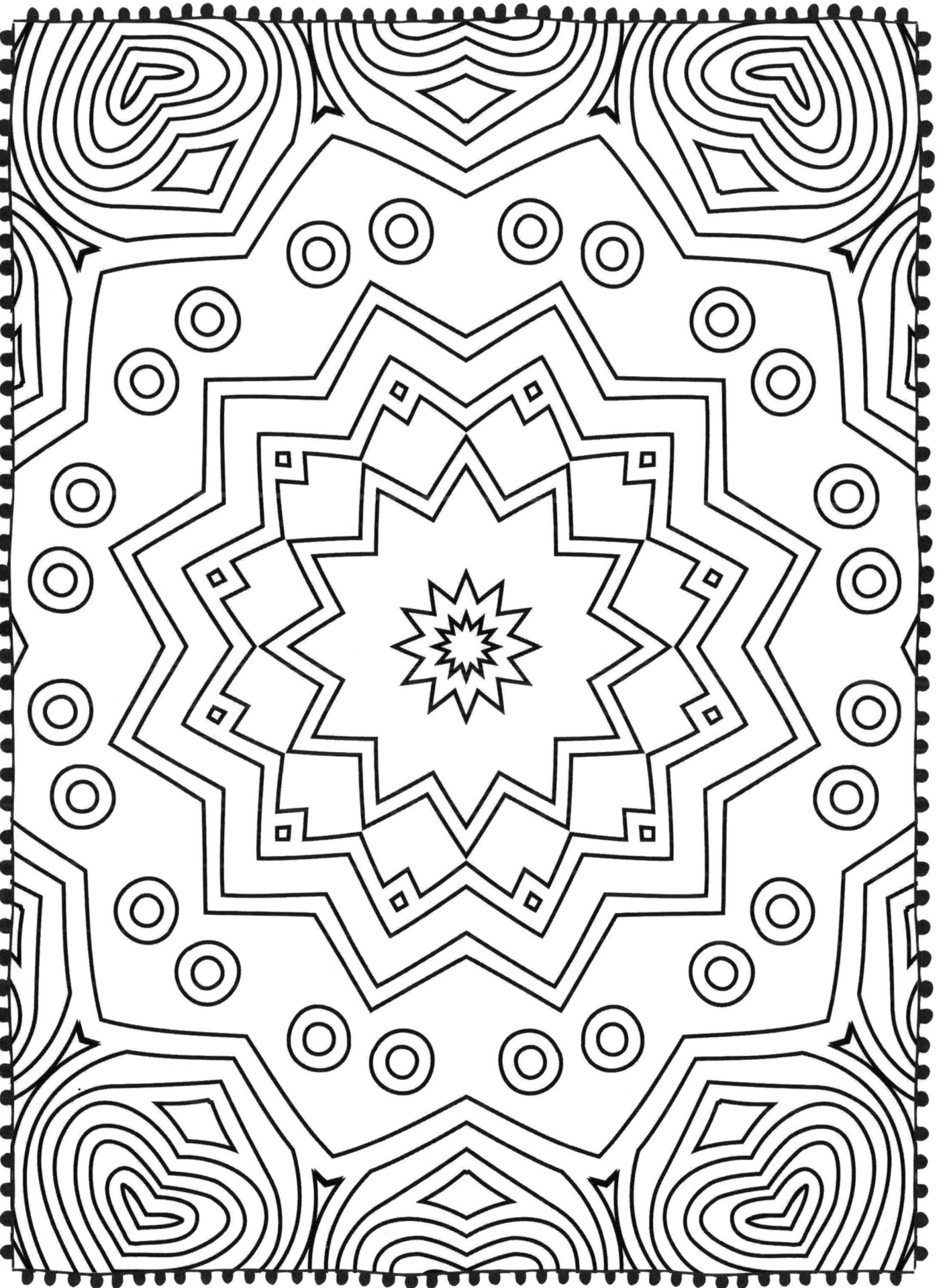

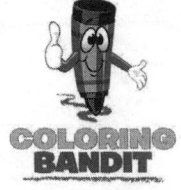

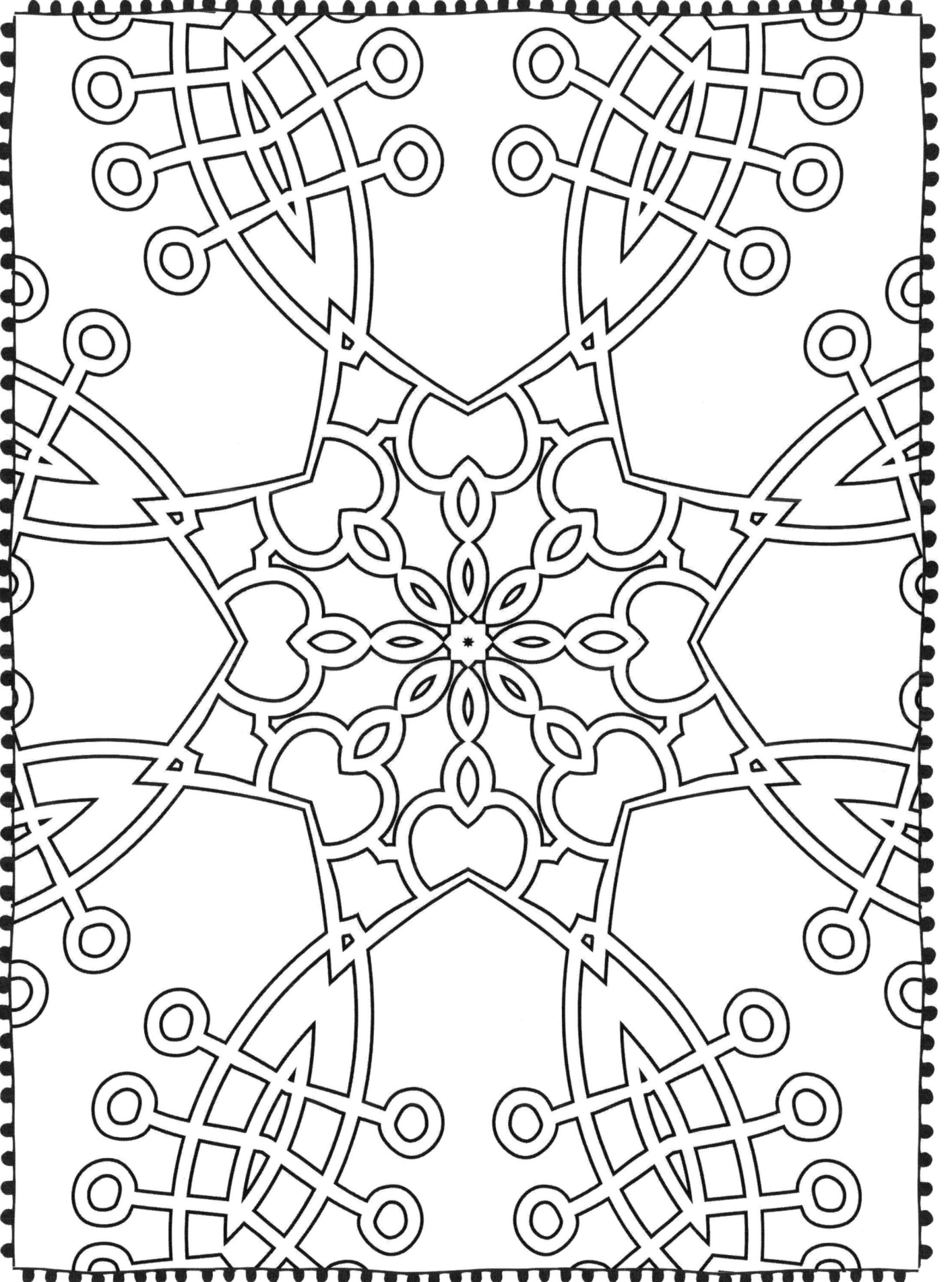

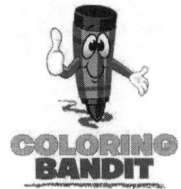

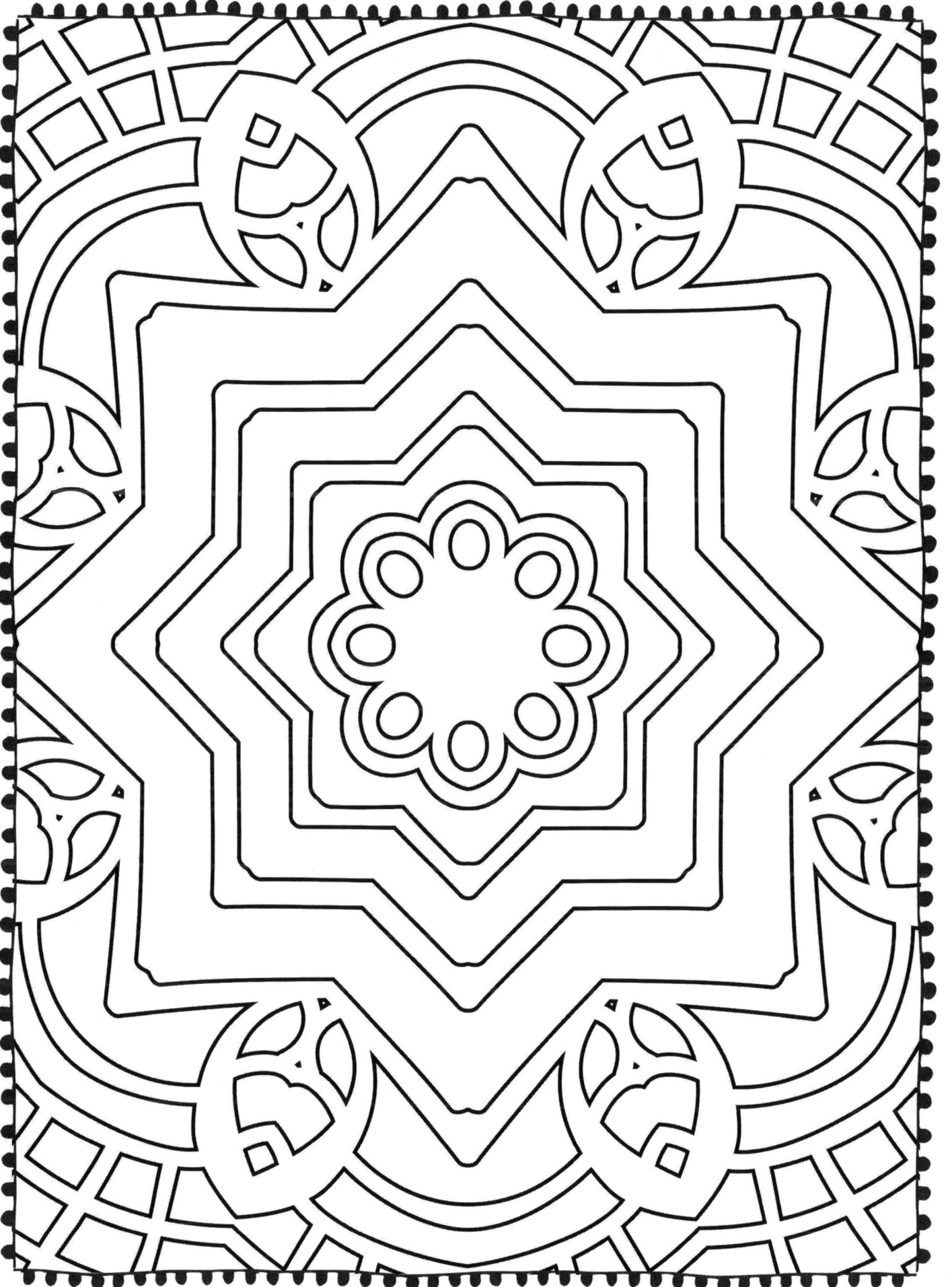

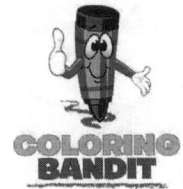

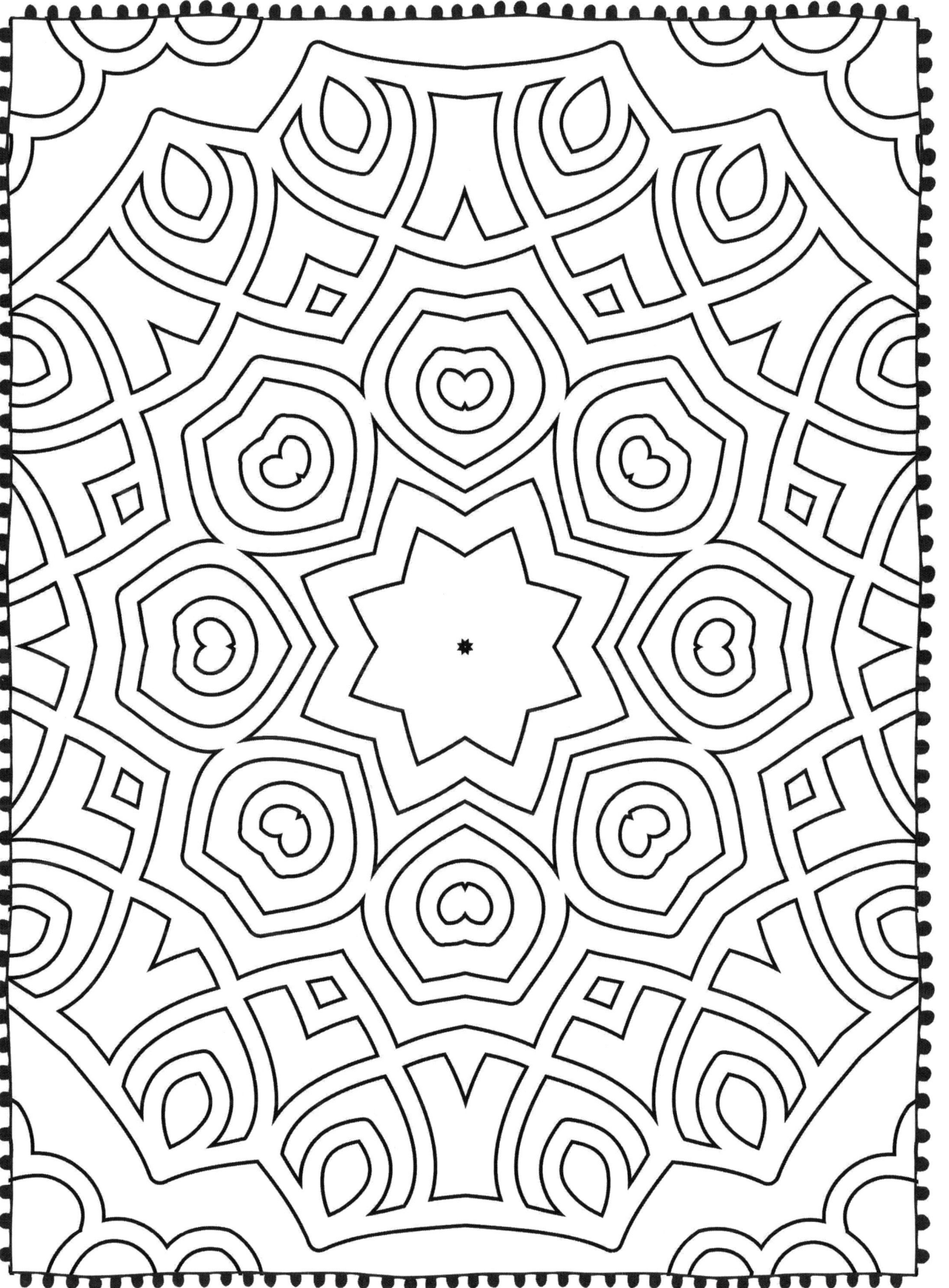

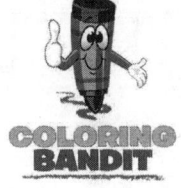

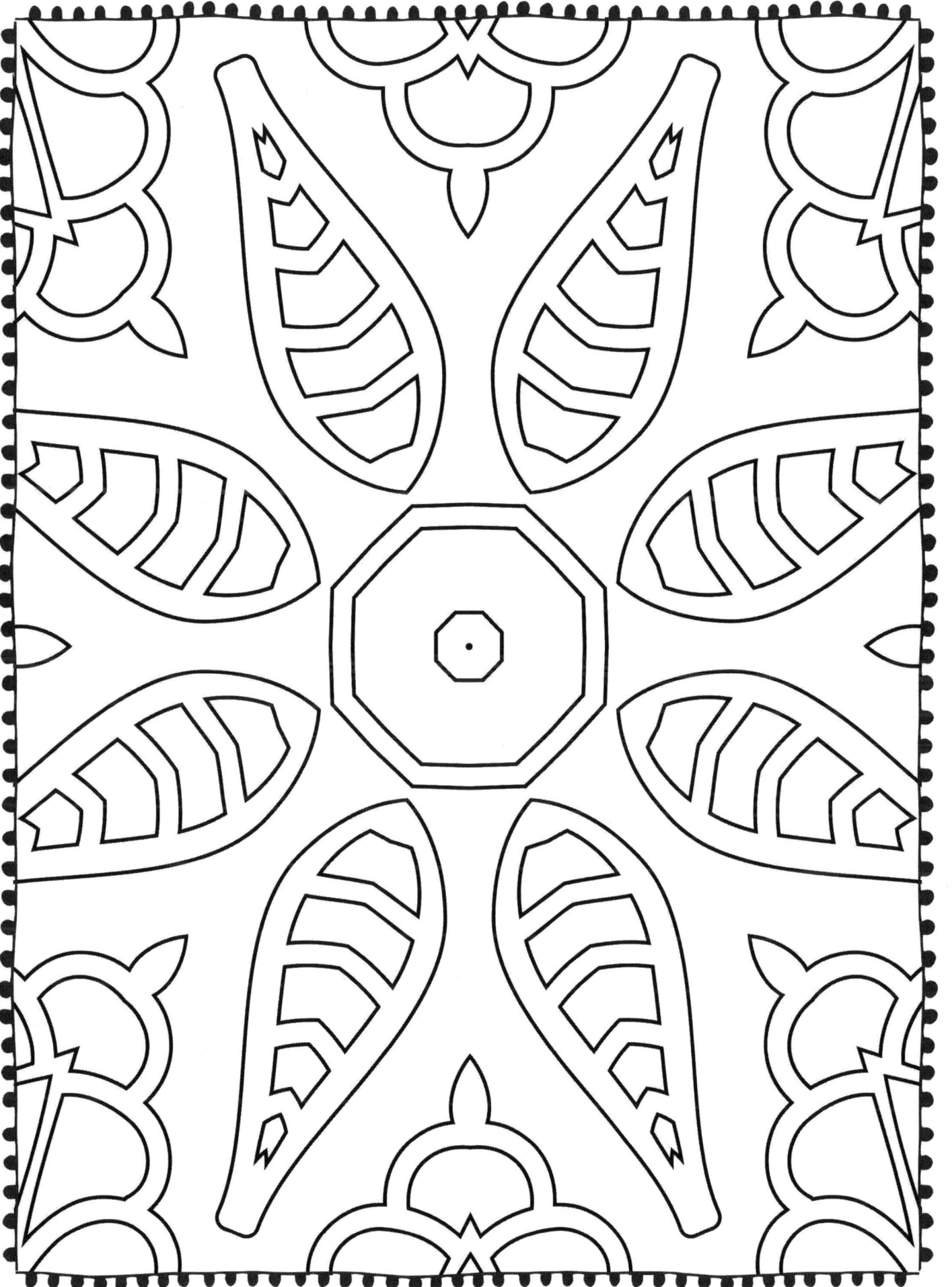

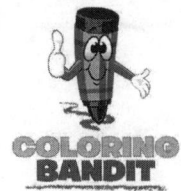

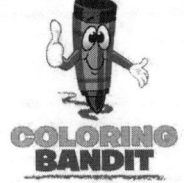

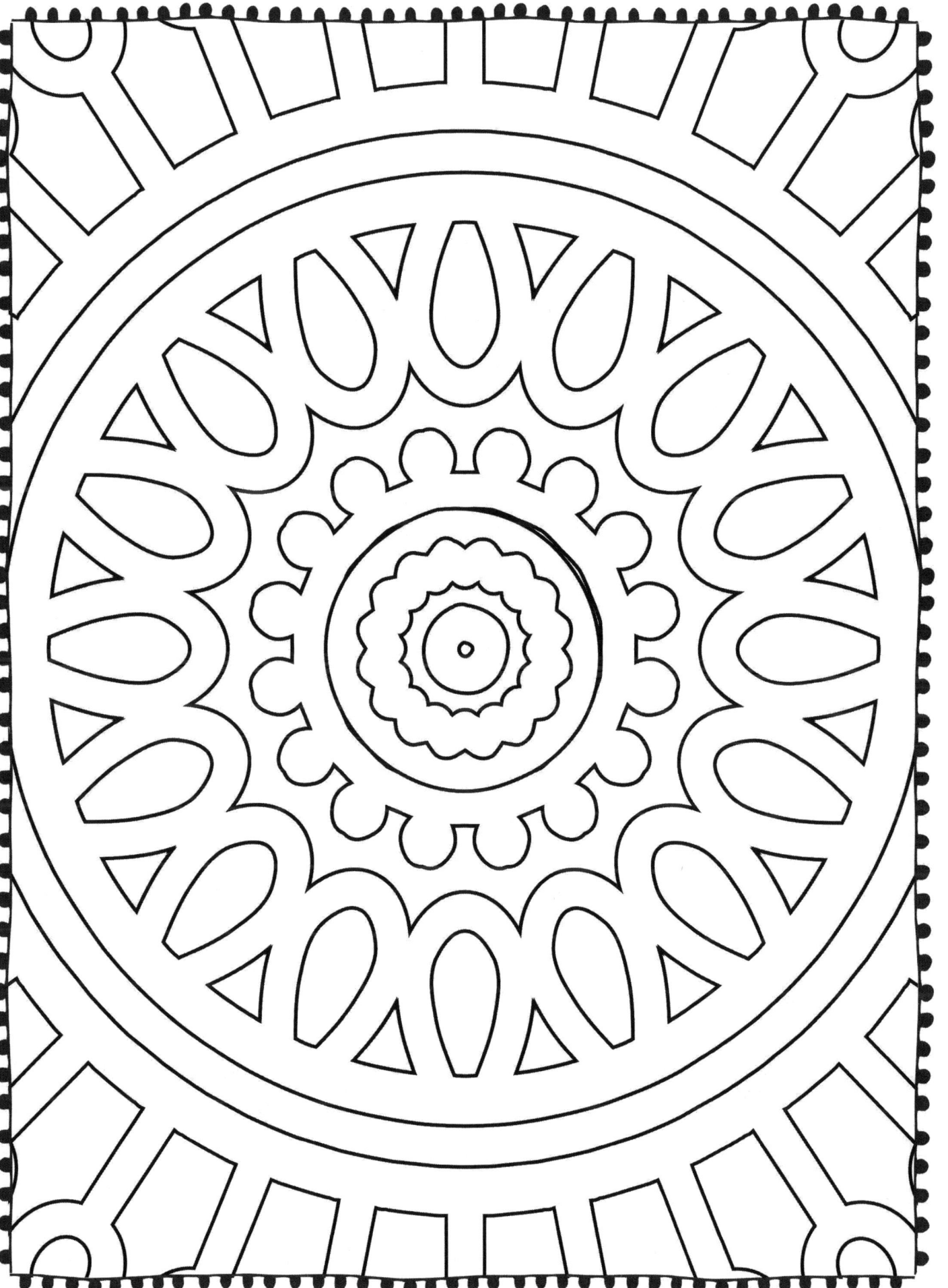

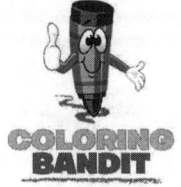

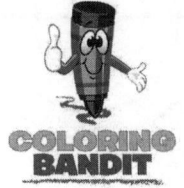

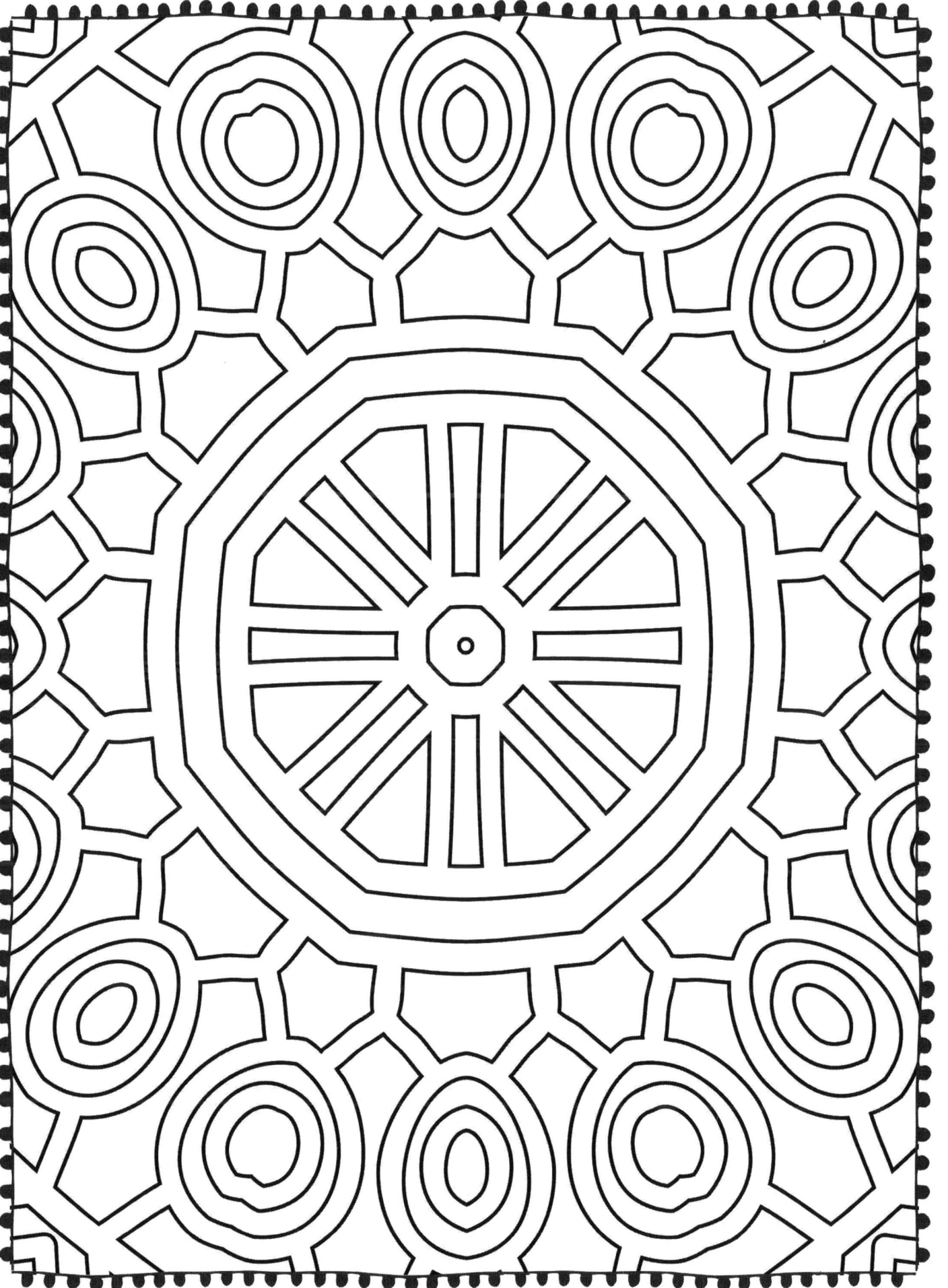

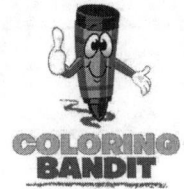

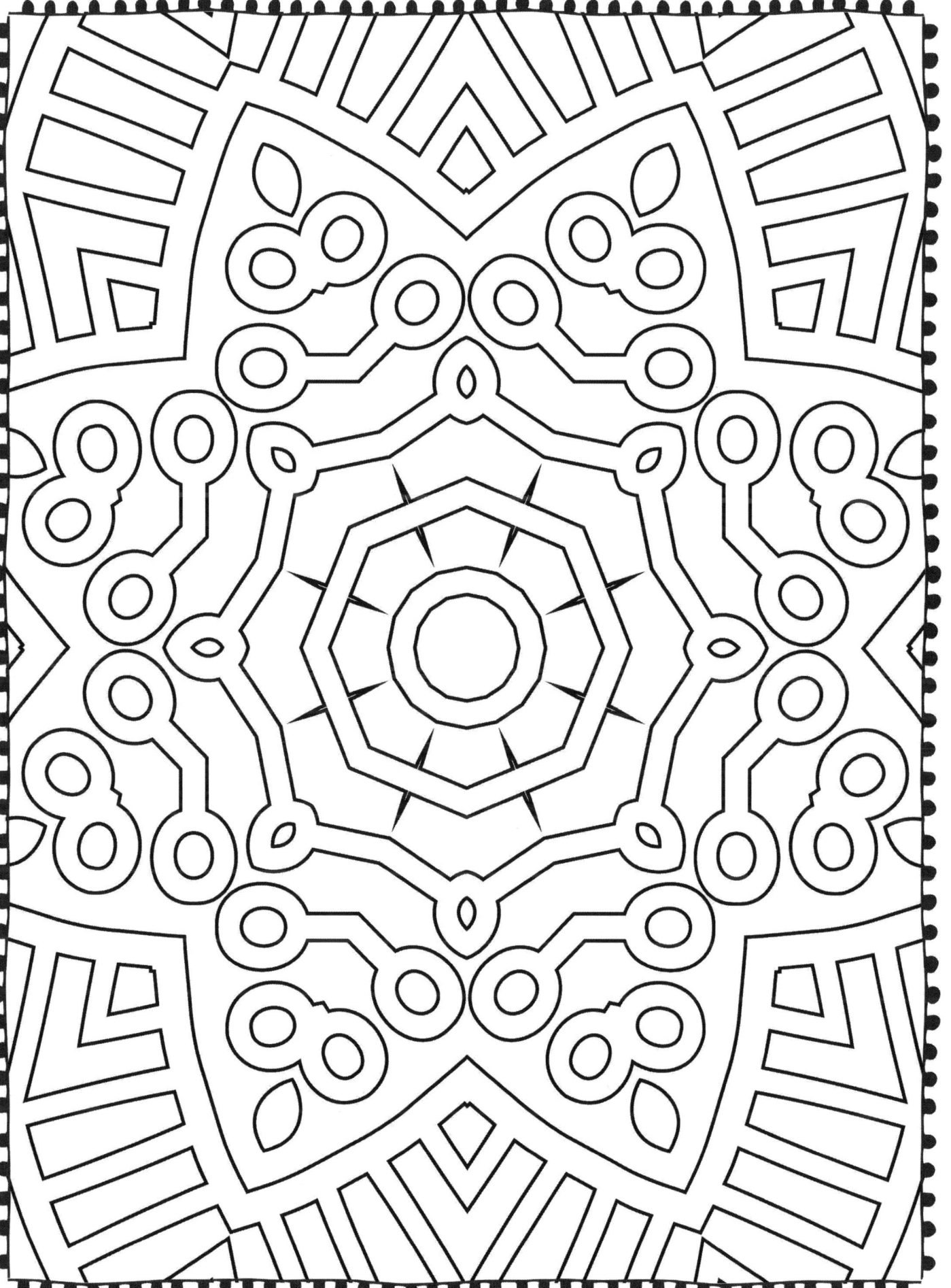

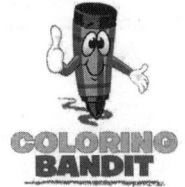

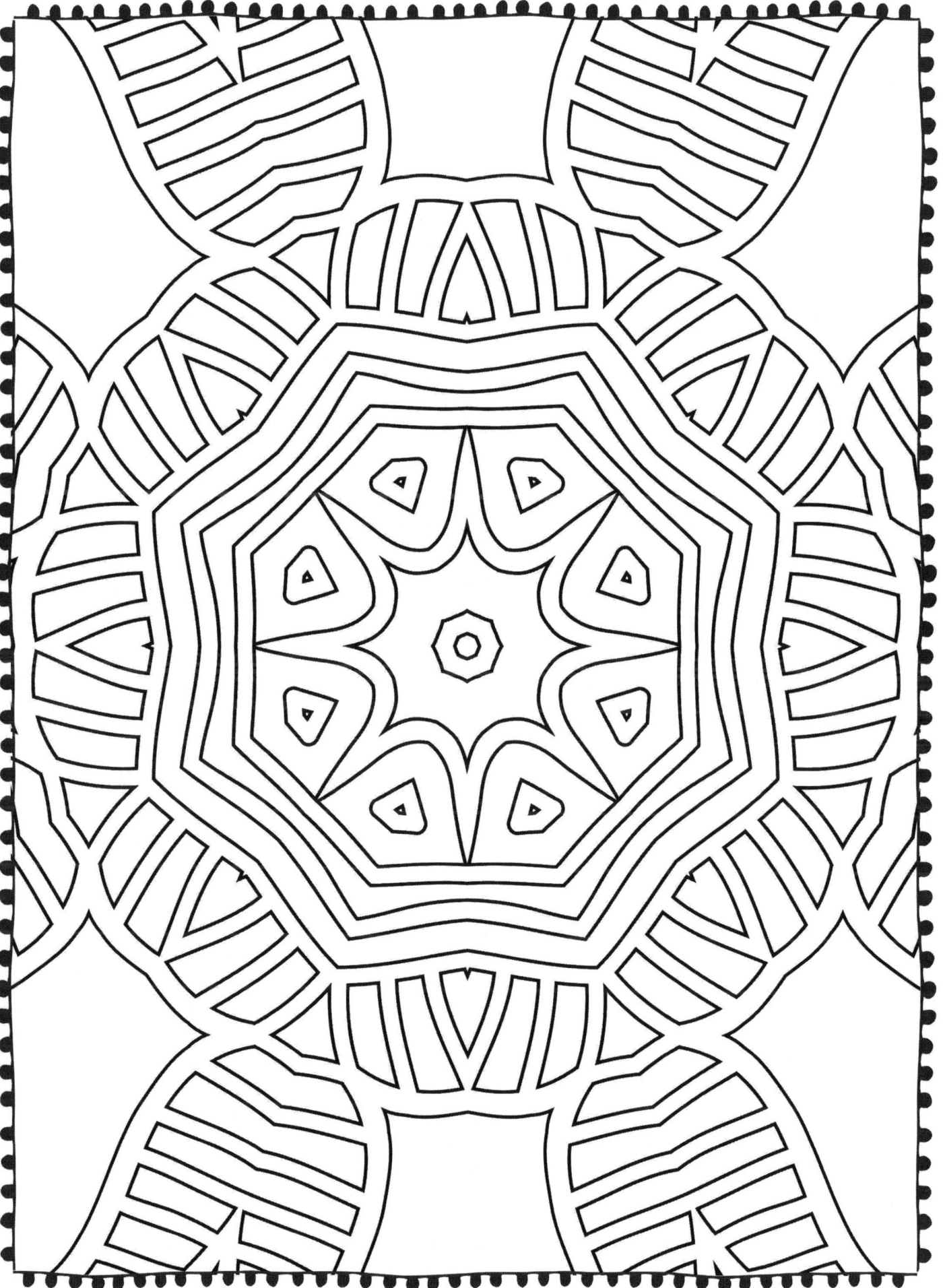

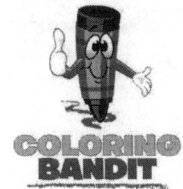

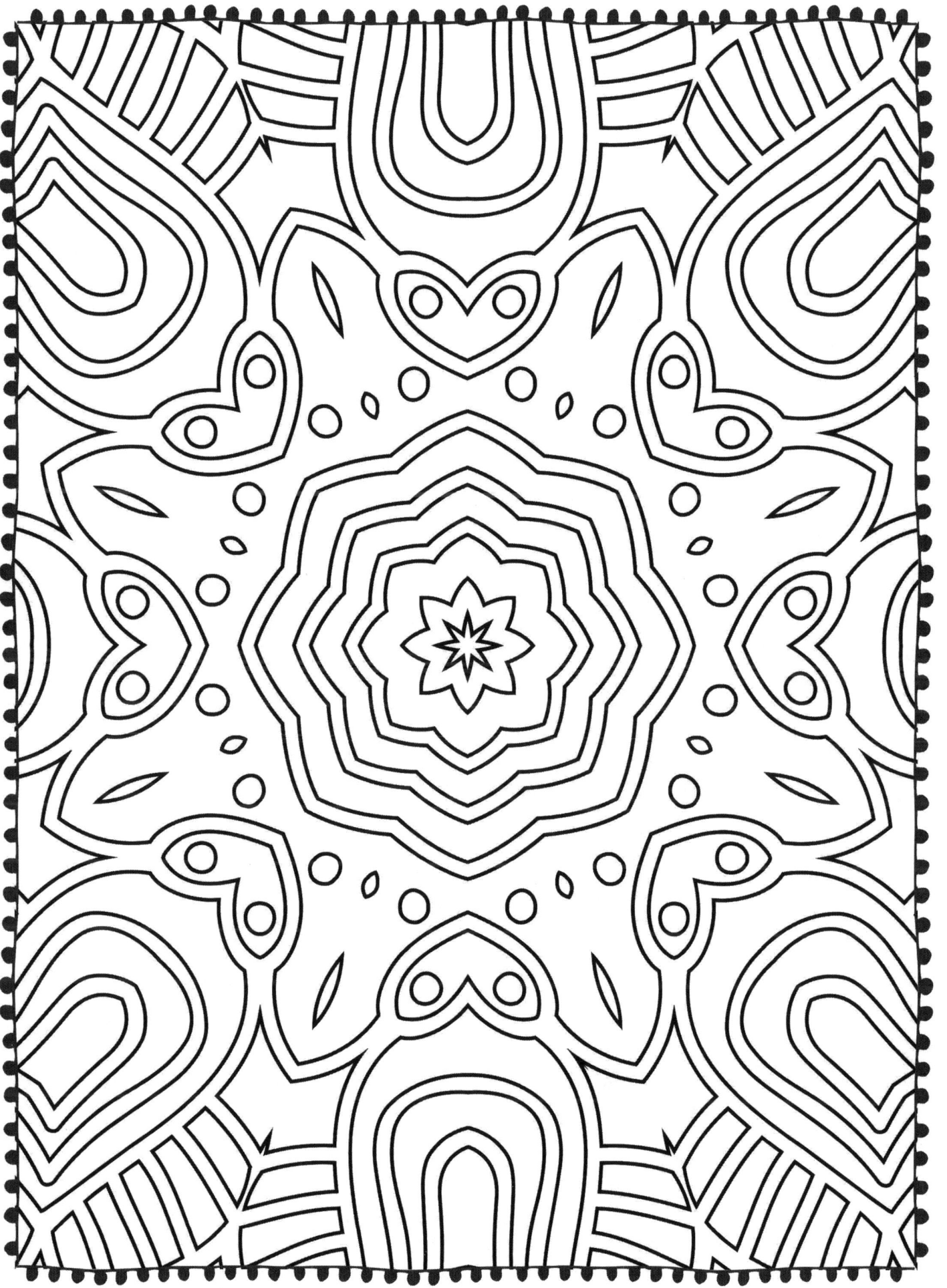

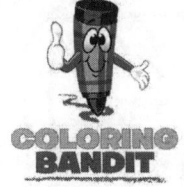

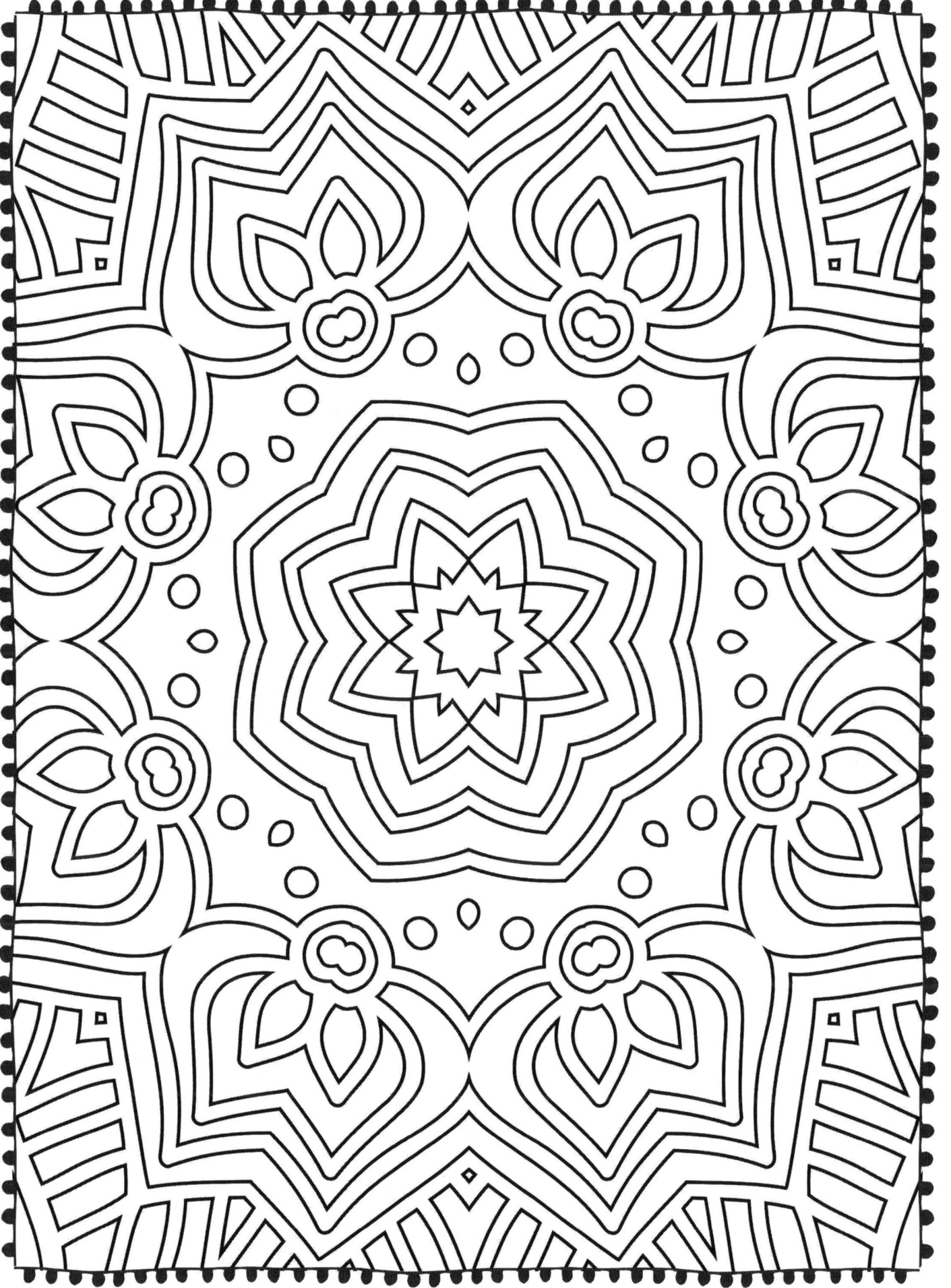

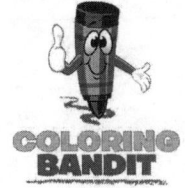

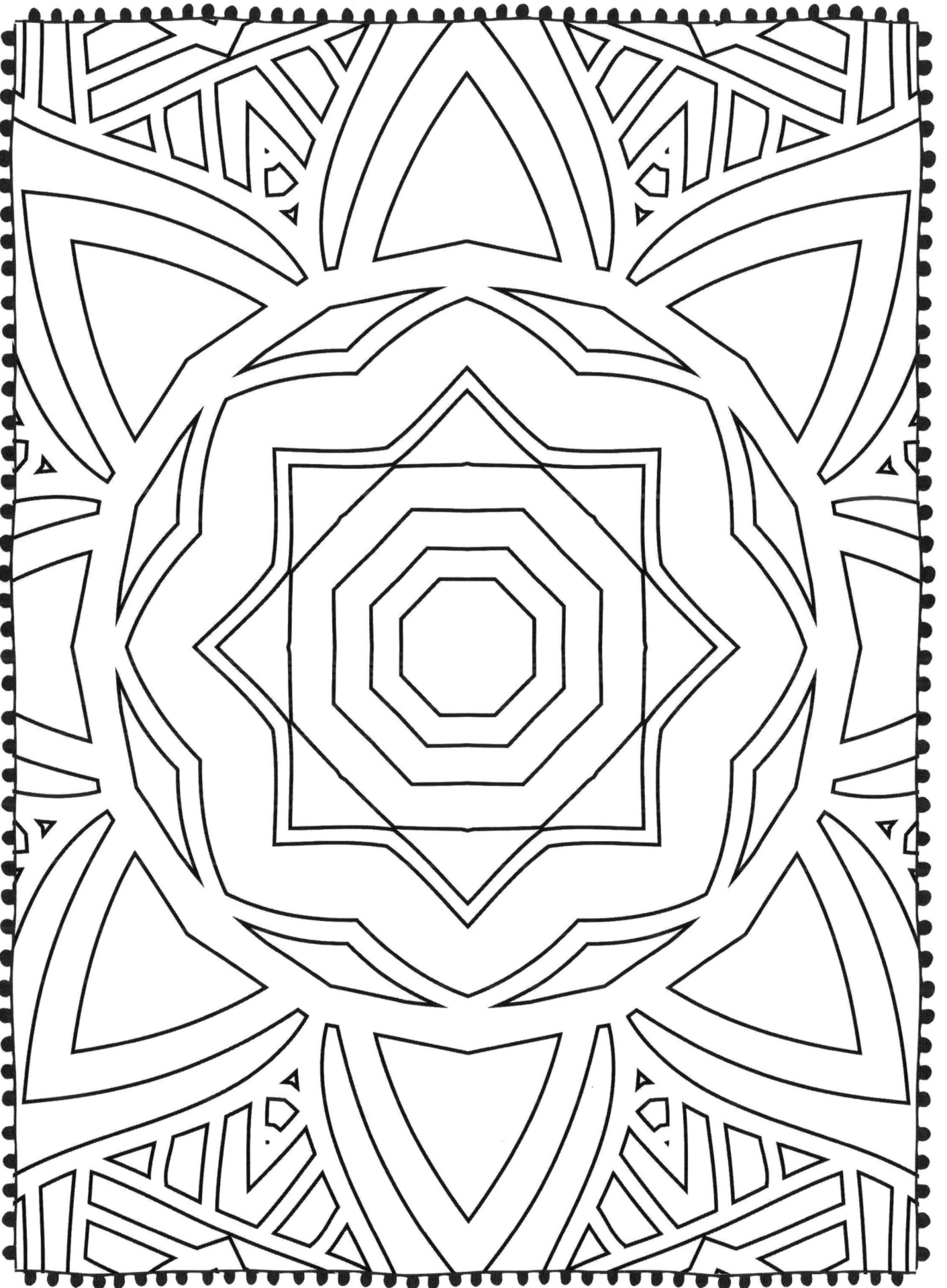

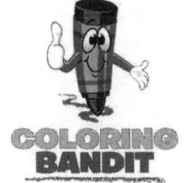

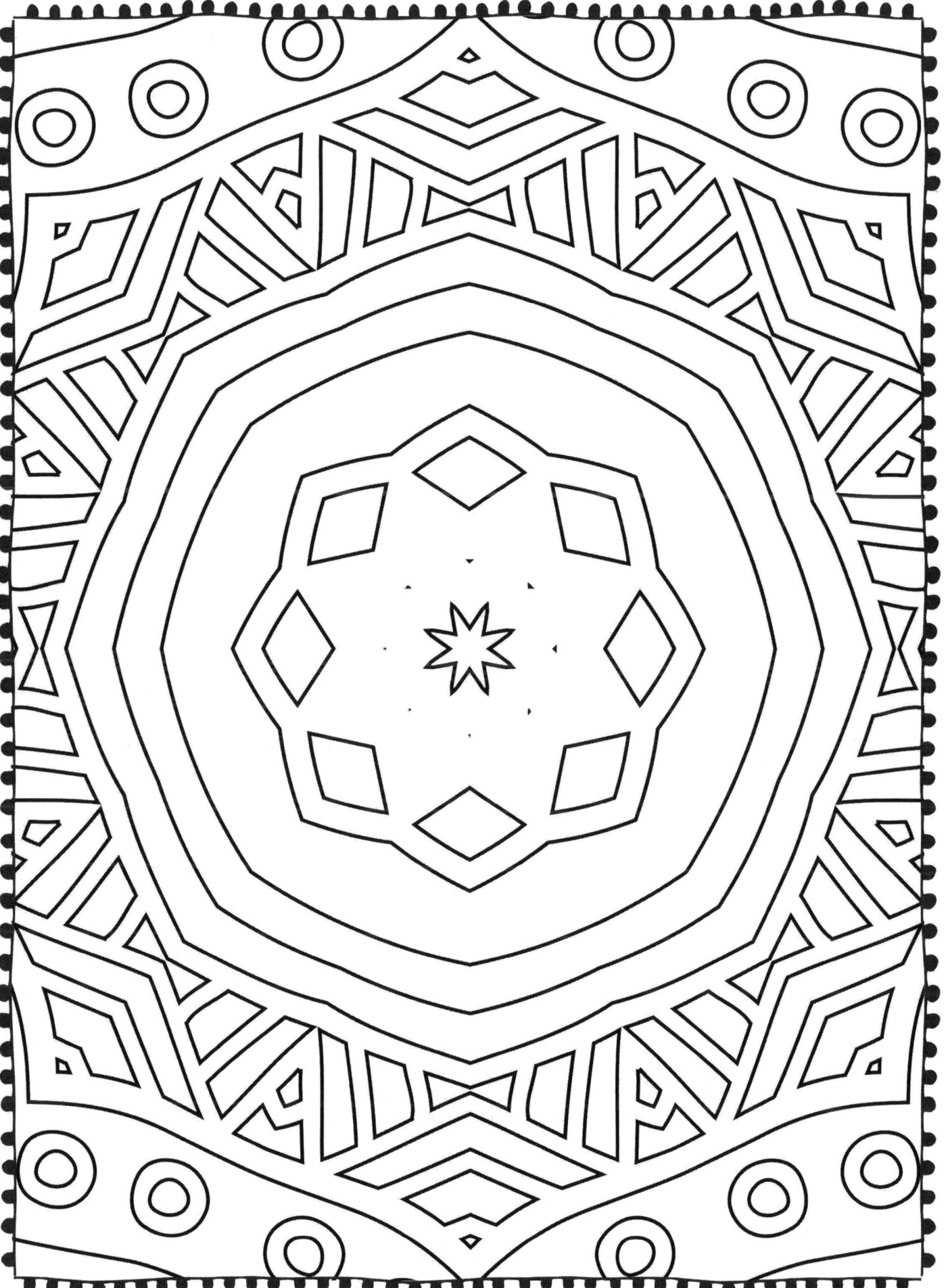

Se trata de un sangrado a través de la página si está usando un colorante marcador o pluma!
Encontrar otros títulos grandes por busca de <u>Bandido Para Colorear</u> *en tu favorito libro minorista*
Amazon.Ca | Barnes & Noble (BN.Com) | Libros 1 Millón (BAM.Com)

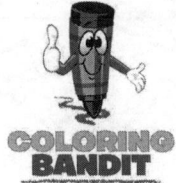

**COLORING
BANDIT**

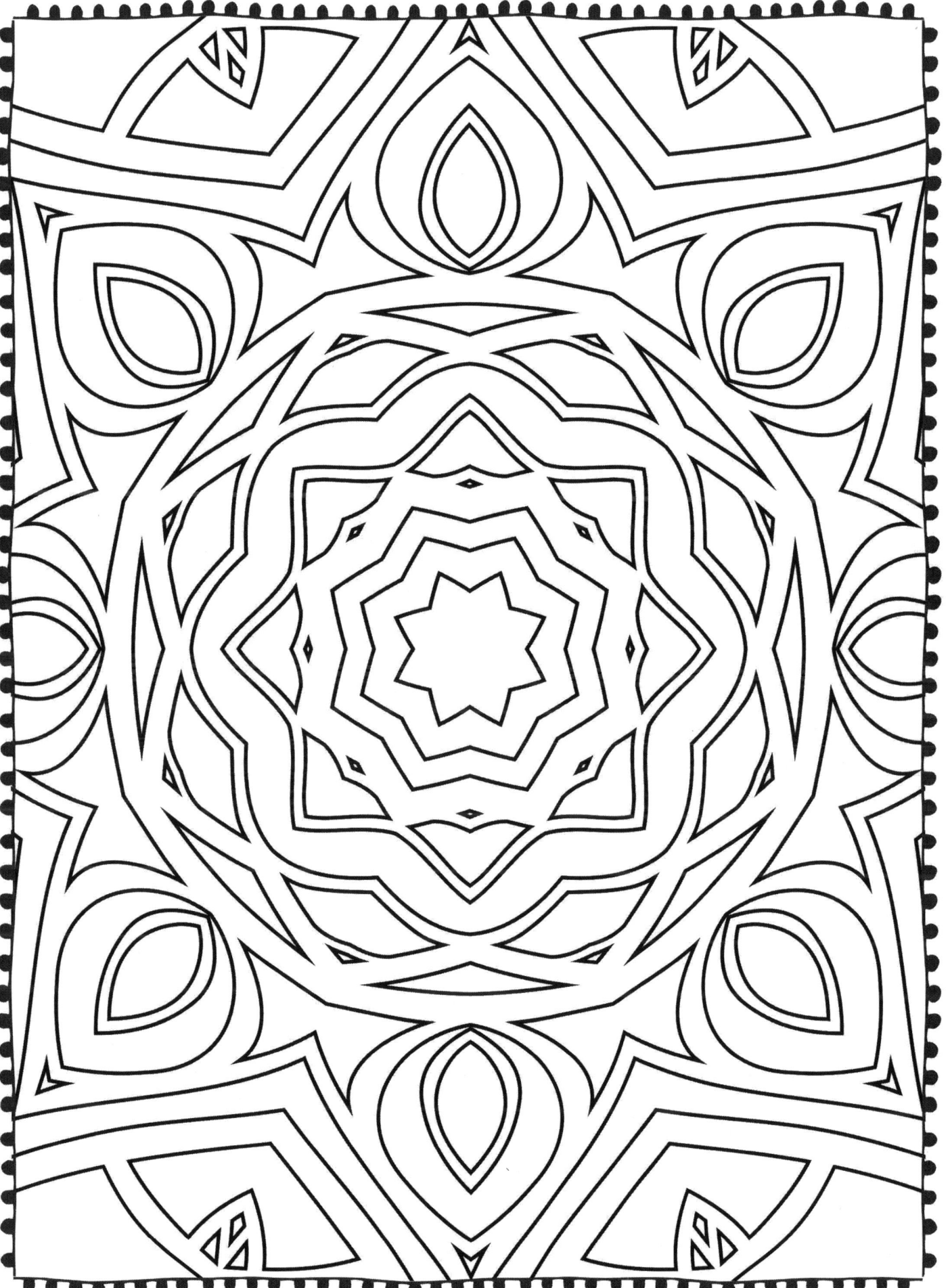

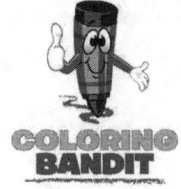

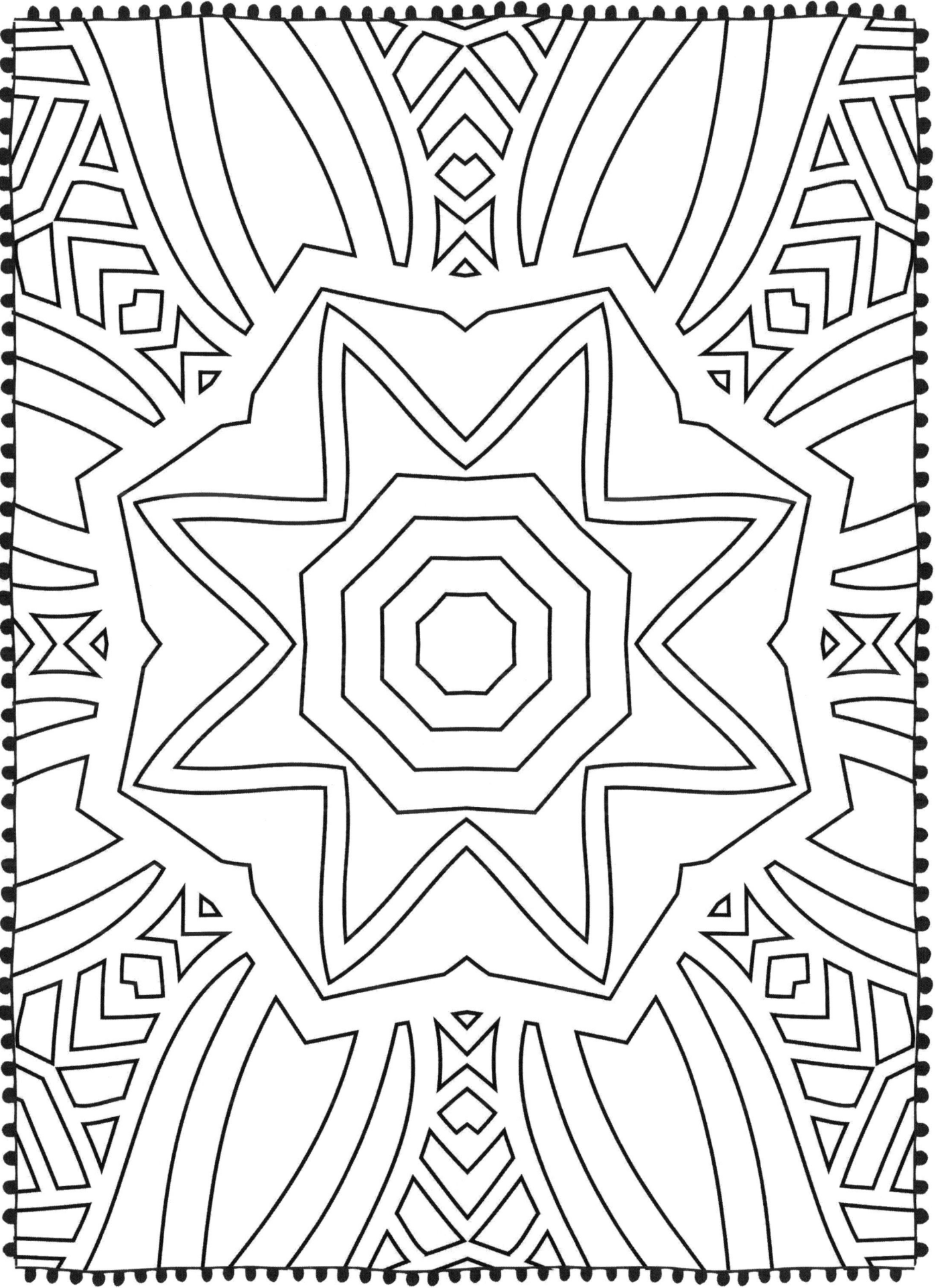

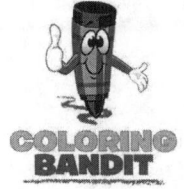

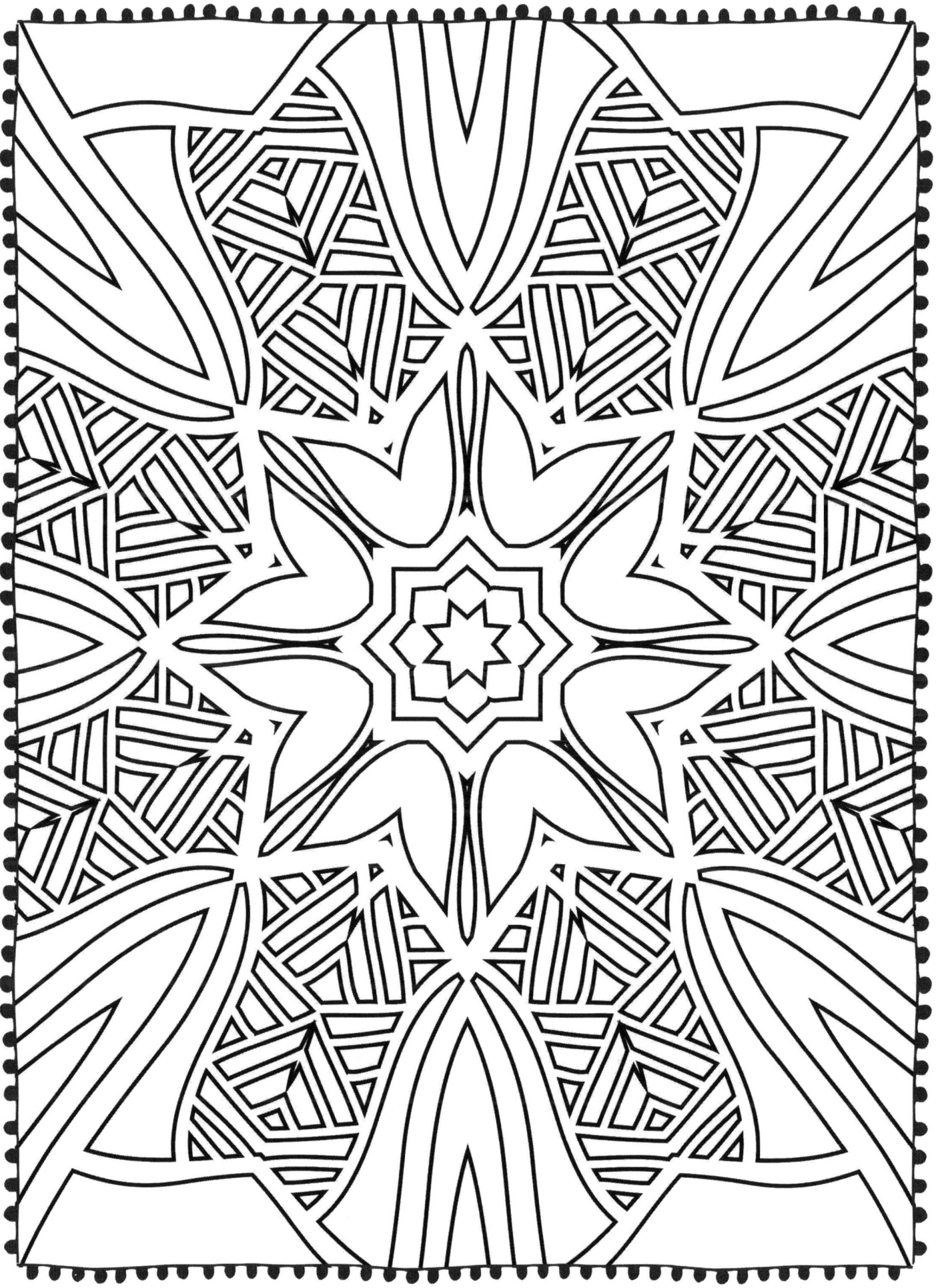

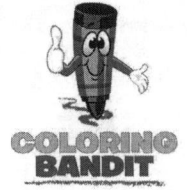

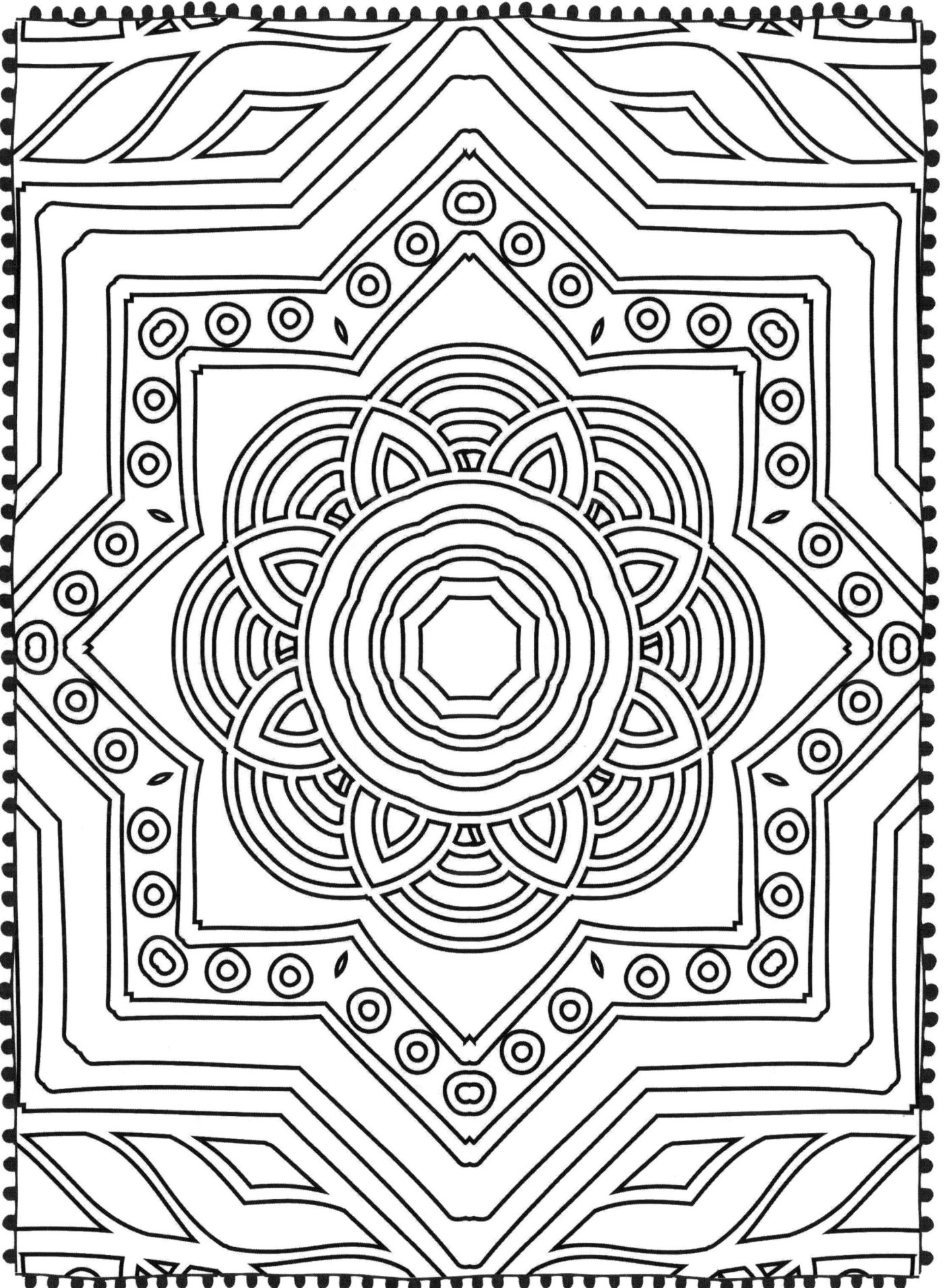

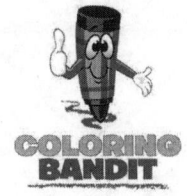

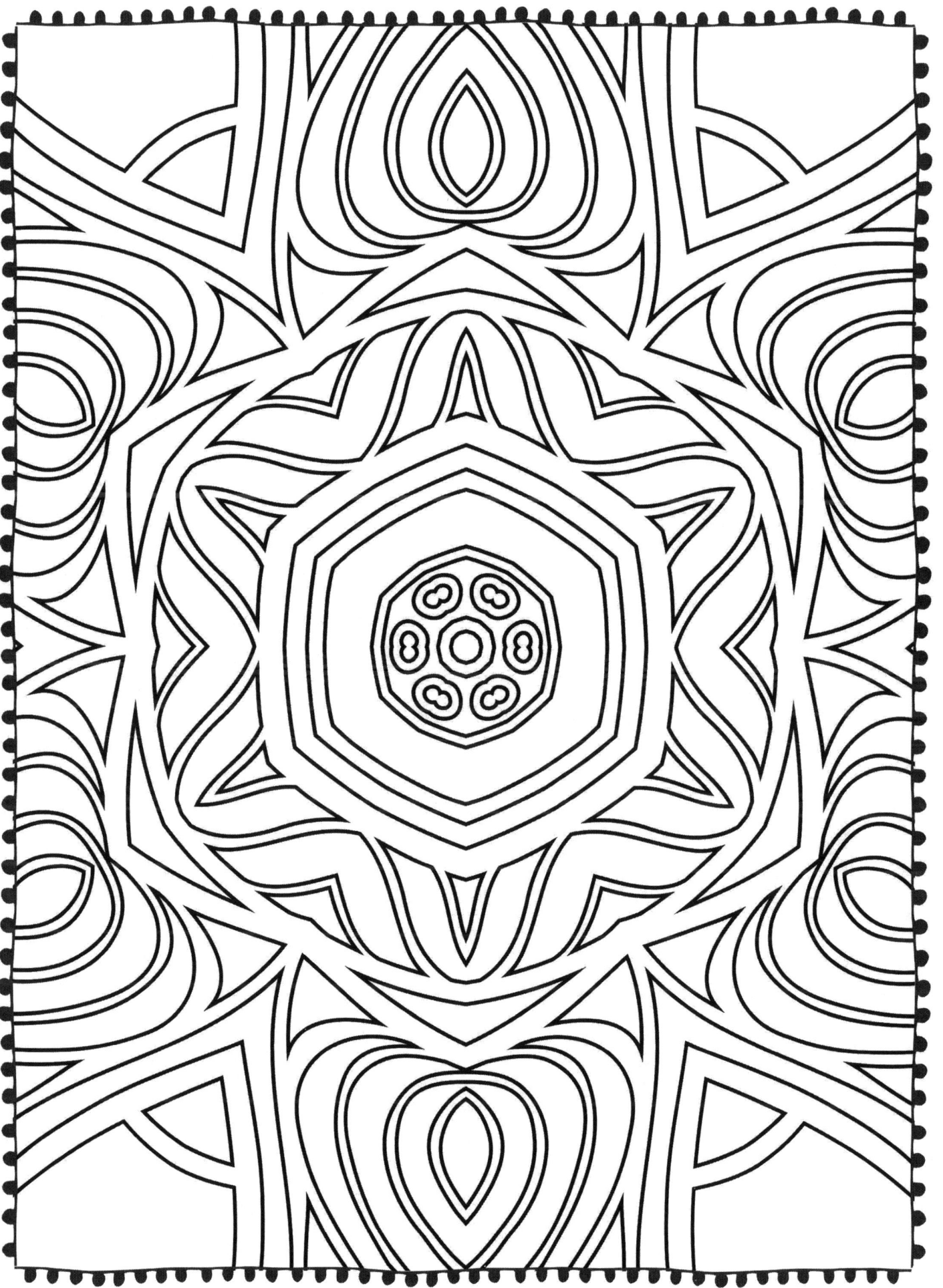

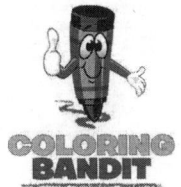

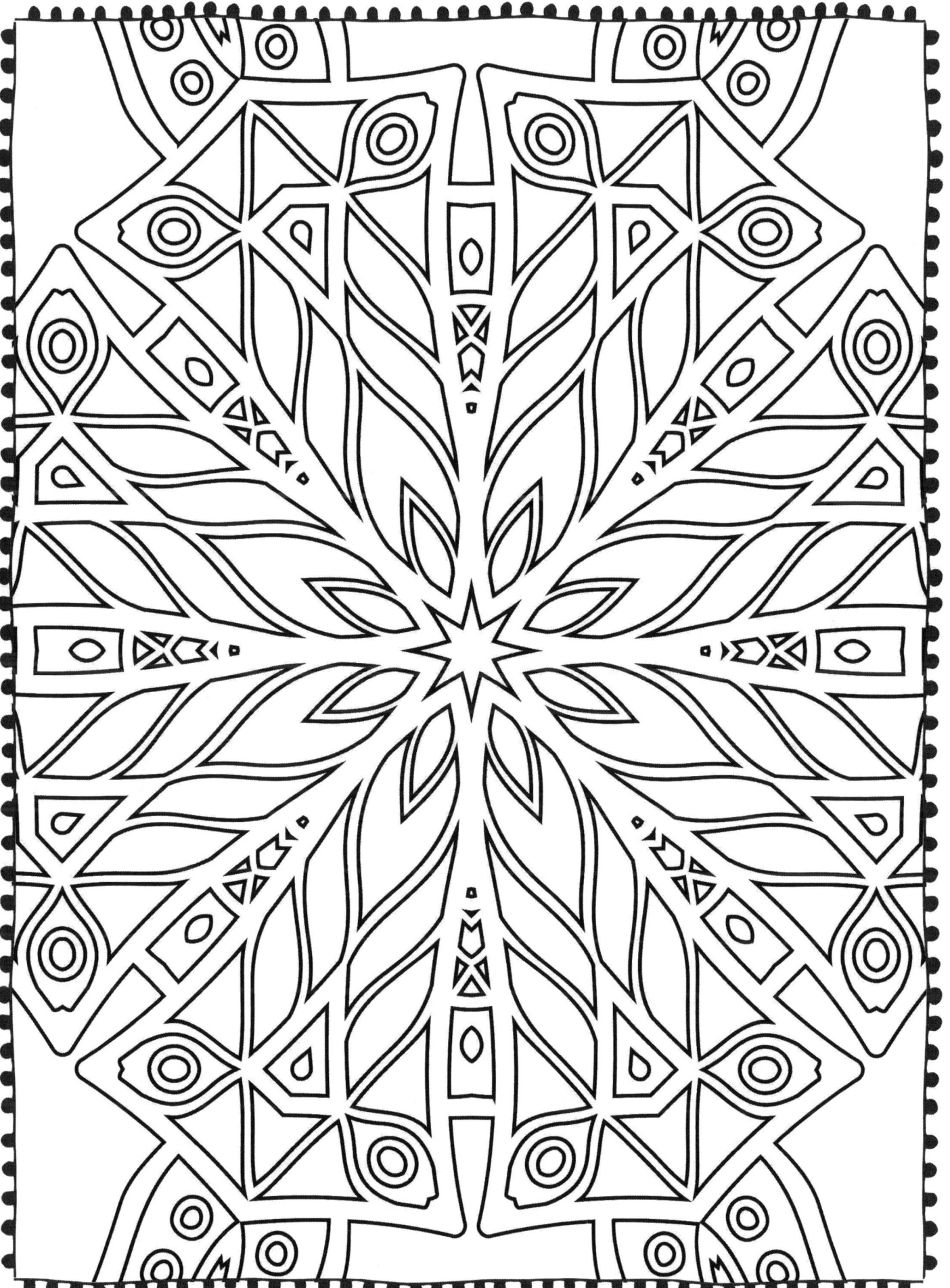

Made in the USA
Monee, IL
07 July 2026

56547349R00059